「話し方」の心理学

必ず相手を聞く気にさせるテクニック

ジェシー・S・ニーレンバーグ
小川敏子＝訳

Getting Through to People

by

Jesse S. Nirenberg, Ph.D.

書物を読みこなす力を身につけた者は、
自分の器を大きくし、さまざまな方面で自分を生かし、
有意義でおもしろい人生を堪能することができる。

オルダス・ハックスリー

目次

第3章 人の考えを引き出す　62

第4章 人の感情にどうむきあうか　84

第7章 話を聞いてもらうために 161

第8章 頭をはたらかせる　181

第9章 相手の抵抗にどう対処するか　206

第10章 発言の意図をつかむ

第11章 会話におけるギブ・アンド・テイク 267

第12章 複数の聞き手に意思を伝える 287

第13章　説得の手法　302

エドナ、エリザベス、シーラ、ニーナへ

第1章 人とわかりあうことのむずかしさ

わたしたちは言葉を通じて相手とわかりあおうとする。だが、あふれるほどの言葉を費やしても、なぜかうまく意思を伝えられない。いったいなにがたがいを隔てているのだろうか。どうすればそれを乗り越えられるのか。

意思疎通を阻む理由を根源までたどれば、**そもそも人間と人間が話すことにいちばんの問題がある**。相手も人間、こちらも人間。そのことを忘れているのだ。

話す相手がロボットなら、言いたいことはストレートに伝わるだろう。ロボットはこちらの言葉をまっすぐに受け止め、すみやかに行動に移すはずだ。意見をもたず、なにを言われても反発を感じない。気を悪くしたり、隠しごとをしたり、我を張るようなこともない。

それにひきかえ人間の活発な精神活動ときたらどうだ。つねに頭のなかでさまざまな感情が生まれ、外に出て行きたがる。矛盾する願望もつぎつぎに湧いてくる。無意識のうちに世のなかを自分につごうよくとらえ、それにもとづいて行動しようとする。たとえどんなにトンチンカンなふるまいであっても、自分では理にかなっていると思い込んでいる。

わたしたちの思考はとても忙しい。自分でも気づいていない欲求につねにひっぱられ、そのいっぽうで現実的な問題にも対処しなくてはならない。

みんなを味方につけたい、人に嫌われたくない、傷ついたり病気になったり死んだりしたくない、あらゆる快楽を味わいたい、もっと権力を握りたいなど、知らず知らずのうちに人はさまざまな願望を抱く。そうした願望が思考を操ろうとするのである。

しかし思考はべつの方向からもひっぱられる。職場に行き、仕事をこなし、同僚とうまくつきあい、友人をつくったり、交際をつづけたり、子どもを育てたりといった実生活の問題にも頭をはたらかせる必要がある。

ある課題について理性的に話し合おうとしているのに、気がつけばたがいの自慢になったり、相手からの励ましをさりげなく要求したり、嫌みを言ったりしている。**本人も気づいていなかった願望が論理的な思考を妨害し、理性的な話し合いも本来の目的もどこかに行ってしまうのだ。**

冷静に考え、かけひきのないコミュニケーションをし、意思疎通をはかる。たったそれだけのことが、わたしたちにとってはじつにむずかしいということである。

意思疎通をさまたげる五つの性質

つぎにあげるように、人には意思疎通を阻もうとする性質がそなわっている。

1 変わることへの抵抗

人は誰でも〝習慣〟という名のクモの巣にからめとられている。が、このクモの巣はなんとも心地よいので、たいていは逃れようという気にならない。ここにいるかぎり不安を感じないですむからだ。

だから、わたしたちはクモの巣にかかってしまったハエでもあるのだが、巣をつくったクモ自身でもある。

ものの考えかた、感情、行動。どれも習慣と切り離すことはできない。

髪の毛のとかしかた、タマゴの調理法、購読紙、みだしなみなど日常生活のあらゆる場面でわたしたちは習慣にしたがっている。また、なにかを決めるときにかならず人にアドバイスを求める人もいれば、すこしでもペースを乱されるといらいらする人もいる。なんにつけても心配し過ぎる、自分以外の人間がみな利己的に見えて信用できない、どんなことでも勝たなければ気がすまない。このような性分も習慣の影響を受けている。

心理学者の研究によれば、ある行動をくりかえすだけでは習慣にはならないという。**あ**
る行動をくりかえし、なんらかの見返りがあった場合に習慣として定着する。

わたしたちがある特定のものの考えかた、感じかた、行動のしかたにこだわるのは、いつもそうだから、という理由からではない。その特定のやりかたをすると得をするからだ。たとえば自分の判断力に自信がない場合は、人にアドバイスを仰ぐことですこしでも不安がやわらぐ。だから習慣になる確率が高い。では人のことが自分勝手に見えてしまいがちな性分はどうだろう。じつはそれは相手が勝手なのではなく、相手に過剰な期待を押しつける自分が勝手なのである。必要以上のものを返さない相手を自分勝手だと決めつけてしまうことで、わが身の勝手さに目をつむろうとしているのだ。

習慣を断つのはむずかしい。いままでの習慣にしたがっていれば得をする、その得を手放すことについつい躊躇してしまう。はっきりと目に見える得でもそうでなくても、得をしていると自分が信じているかぎり、習慣を断ち切ることはできない。得るものが大きいほど、わたしたちは習慣というクモの巣から逃れられなくなる。

つぎに、ある企業の部長と彼の下ではたらく課長のあいだで交わされた会話を例としてあげてみよう。課長は自分の部下に固定観念を抱いており、それが原因で部長とのスムーズなコミュニケーションができない。

部長「トム、きみは部下をうまく束ねてくれているね。ちょっと話を聞いてくれないか。じつはきみの部下から苦情が出ている。きみは部下がミスをすると、かならず叱るそうだね。ところが首尾よく仕事をこなしても決して褒めないそうじゃないか。誰だってたまにはねぎらいの言葉がほしいものだ」
課長「彼らにはいい加減、成長してもらいたいものですよ。わたしはお守りじゃないんです。部下を甘やかすつもりはありません。おだてて働いてもらおうなんてこれっぽっちも思いませんよ」
部長「なにもおだてろと言っているわけではないよ。ただ、人はがんばったぶんだけ正当に評価してもらいたがるものだと言っているだけだ。そうすればやる気が出るし、士気も高まる」
課長「仕事の手応えは自分がいちばんよくわかっているはずです。いちいち言葉に出して言ってやる必要はないんです。よくやったなんて褒めたら、じゃあ給料を増やしてくれなんてつけあがるばかりですよ」
部長「ボブ・グラントという部下がきみのところにいるだろう？　彼は優秀だと思うがどうかね？　仕事の飲み込みも早いし協調性もある。彼を褒めてやったことはあるかい？」
課長「ボブは優秀です。しかし面とむかってそう言うつもりはありません。少なくともいまのところは。油断して力を抜かれては困りますからね。そんなケースはざらです。彼らに自信をもたせてはいけないんです。自分はまだまだダメだと思わせておかなくては」

この課長はかたくなな人物である。人に対する拭いがたい不信感で凝り固まっている。甘い顔を見せたら取り返しのつかないことになるとでも思っているようだ。相手の実力で判断しないで、顔も見ないうちから先入観だけで判断するような態度をなぜとるのか。

いちがいには言えないが、ひとつ考えられるのは、**こういう人物は自分自身を高く評価していない**。だから同じ立場に立たされたら誰もが自分と同程度のことしかしないだろうと考える。これでは人を信頼できないわけだ。

コミュニケーションを阻む要因はほかにもある。

2 自分の考えを優先させ、相手の意見に耳をかたむけない

話をするということは、相手の注意をこちらに引こうとする綱引きのようなものである。聞き手は全神経をこちらの話に集中させているわけではない。相手には相手の関心事があり、それが絶えず注意を引こうとしている。

妻が午前中に病院に行った、子どもたちの成績がふるわない、ゴルフのこと、ちかぢかの昇進を匂わせる上司の言葉、おととい一時停止の標識が泥で汚れていたので見落としてしまい交通違反の切符を切られたのは心外だ、など、相手はあれこれ思いをめぐらせてい

る。**こちらの話を聞いてもらうには、もっと関心をそそるようなことを言わなくてはならない。**

聞き手の関心はひとところに留まろうとしない。楽しそうなこと、わくわくすること、あれをどうしようか、これをどうしようかとあちこちに飛び、面倒くさいことや複雑な思考からはできるだけ逃げようとする。いきなり物音がすれば、いま考えていることなど、あっけなく吹っ飛んでしまう。

ここいちばん、じっくり腰をすえて慎重な判断を下さなければならない、というときにかぎって、わたしたちの関心はふらふらと関係のない方向にむかってしまう。そうならないためには、日頃から厳しい自己鍛錬が必要となる。だがいくら鍛えても集中力は思いのままにはならないものだ。

ためしにこんな実験をしてみていただきたい。部屋にあるものをひとつ選ぶ。ランプや椅子など、なんでもよい。そしてそれだけに意識を集中させる。それ以外のいっさいのことを頭から締め出す。もって五秒、あるいは一〇秒だろうか。いつのまにか頭のなかはランプや椅子に代わって雑多な思いであふれているはずだ。ふたたび集中してみても、あっという間に元の状態にもどっている。

このように注意力があてにならないとしたら、わたしたちははたしてどれだけ相手の言いたいことを理解しているのだろうか？　相手の言葉をひとこともらさず聞くことができないとしたら、相手の思いを受け止めていないということなのか？
種明かしをすれば、話し手の豊富な語彙、内容のくりかえしが聞き手の注意力の不足を補っている。だから少々聞き逃してもだいじょうぶ。耳がすくいあげた言葉だけで相手の言いたいことはじゅうぶん伝わる。

話すときには意図的に内容をくりかえすように気をつければよい。相手に話を聞いてもらうには、とても有効な方法だ。ただし、同じ言葉をそっくりくりかえすだけでは相手が退屈する。同じ内容でも言いかたを変えれば万全だ。

複雑なことを伝える場合、言葉をたくさん使ってくわしく話したほうが、無駄のない言葉で話すよりも内容が伝わりやすい。言葉一つひとつの情報量が多いと、ほんの数語聞き逃しただけで聞き手は話が見えなくなる。一語の意味が重すぎるので、話に追いつけなくなってしまうのである。

注意力が散漫になっていることを示す三つの兆候

聞き手の注意力が散漫になっていることを示す三つの兆候をあげよう。

①不必要な質問をする　いま言ったことを聞いていれば当然わかるはずのことをたずねる。話が理解できていれば、そのような質問はしないはずだ。

話し手が言ったことを耳でとらえているだけでは理解したとはいえない。聞いた言葉を復唱できたとしても、上っ面だけをなぞっているのかもしれない。また、一つひとつの事実を組み立てて話の全体像をとらえているとはかぎらないのだ。

話の内容を理解するとは、頭を使いながら聞くことである。言葉を耳が受け止めるだけでは理解したとはいえない。

相手が言っていることを受け止め、それを頭のなかで組み立ててひとつのイメージをつくることで、ようやく理解したといえる。

話を聞いて理解するのは、ジグソーパズルをやるようなものだ。言葉を聞くとはピースを手に入れること。聞いて理解するとは受け取ったピースをつなぎ合わせて一枚の絵を仕上げるようなもの。不必要な質問を聞き手がすれば、ピースは受け取っているが組み合わせていない証拠とみなそう。

②見当ちがいの発言をする　これもまた注意力散漫であることを示す兆候である。話し手から渡されたピースを聞き手が組み合わせてゆけば、話し手が意図した絵が完成するはずだ。しかし聞き手が自前のピースを使ってしまうと、見当ちがいの発言が出てくる。

こういう場合、聞き手はべつのなにかについて考えたがっているか、自分の考えを話したがっている。

話し手が伝えようとしている絵を頭のなかで再現するより、自分の考えのほうが重要なのである。あるいは気を引くような発言をして自分の頭のよさをアピールしようとしているのかもしれない。その欲求のほうが、相手の話の意味をつかもうとする気持ちよりもはるかに強いのだろう。

話し手の考えをさらに発展させようとして、一見、見当ちがいな発言をしてしまうこともある。順序を無視していきなり結果を言おうとすれば、見当ちがいに聞こえるだろう。話の主導権をとろうとしてでしゃばっているとも考えられる。

聞き手は鬱積（うっせき）した感情を一刻もはやく出してしまいたいと思っているのかもしれない。だから話し手がすべて語り終えるまで待てない。こういう場合、聞き手の見当ちがいなコメントは、怒り、不安、罪悪感、よろこびといった感情の発散なのである。唐突に心配事について話しはじめたり、いかにもいらだたしそうに嫌みなコメントをしたりするのはその兆候と考えられる。

③解決済みのことを蒸し返す　聞き手が話に集中していないことを示す三つめの兆候は、〝不必要な質問〟という形であらわれる。すでにこたえの出ている事柄あるいは議論を蒸し返すのである。

聞き手はそのこたえを受け入れていないので、いつまでも同じ地点からうごけない。つねに話を元にもどし、話し手の言葉などなかったかのように、同じ話を蒸し返す。

おたがいに相手の考えに無関心のまま会話が進行してゆく例として、ジョンとメアリーの夫婦の会話をあげよう。ふたりは休暇のプランについて話し合っている。

ジョン「メアリー、休暇の予定がやっと決まったよ。僕は七月後半の二週間が休みだ。もうじきだね。いそいで計画を立てよう。去年の夏に行った湖にコテージがあったから、あそこがいいと思うんだが」

メアリー「七月の後半の二週間ね。よかったわ！　ちょうど夏のいちばん暑い時期ね。夏服を買わなくちゃ。いまあるのはもう着られそうにないから」

ジョン「あのコテージなら値段も手頃だし——二週間で八〇〇ドルだからね。湖には魚がたくさんいる。いまならまだ予約がとれるだろう。子どもたちもきっとよろこぶぞ」

メアリー「去年の夏からすっかり太ってしまって。三キロ以上増えたのよ。いますぐにやせなくては、とても湖には行けないわ。去年の夏のこと、おぼえているでしょう？　ほんとうに楽しかったわね。子どもたちも夢中だった。トミーは去年、あそこで泳ぎをおぼえたのよ。また同じ部屋がとれるといいわね」

不毛な会話である。ジョンとメアリーはしゃべってはいるが、相手の言うことを聞いていない。ふたりとも自分の考えで頭がいっぱいである。そして、それぞれが頭のなかで思い描いていることを相手に伝えていない。

3 先入観をもった聞き手

わたしたちが抱く願望は、わたしたちに魔法をかける。その結果、わたしたちは催眠術にかかったような状態になる。

願望が実現して望むものが望むタイミングで手に入るならいいが、現実にはそうもいかない。**あきらめきれないまま願望だけが強くなり過ぎると、ものごとをゆがんだ目で解釈するようになる**。外部と接触するときに、自分が聞きたいように聞き、見たいように見るのだ。

いくつかの断片的な事実から即座に結論を引き出してしまう。なぜか事実を事実のまま受け止めることができなくなる。

弁護士によれば、法廷での証人の証言は案外あてにならないそうだ。夜の闇のなかでかぎりなく遠くからほんのちらりと見ただけなのに、宣誓をして立った証言台で堂々と証言するという。目撃者がふたりいる場合、日中の明るいひざしのなかで間近で見たにもかかわらず、どんな容貌だったかについて真っ向から意見が対立するそうだ。壁越しに、あるいは遠くで甲高い声を聞いたとき、ある人は悲鳴だと思い、ある人は笑い声だと思う。ある人には泣き声に聞こえる音がある人には歌声に聞こえる。楽しそうにおしゃべりしているのを小耳に挟んだと誰かが言えば、それは激しい口論だったと言い出すものがいる。

わたしたちのこころのなかにある願望は日々の暮らしを明るくもすれば暗くもする。なんの根拠もないのに自分は正しいと感じたり、自分はライバルよりも報われて当然だなどと信じたりする。自分とは好みがちがう人を趣味が悪いと決めつけたり、嫌いな相手の不幸を願ったりする。自分がそう思うことに疑いを抱かないのである。

わたしたちは美、愛、富、権力をもとめる。そのいっぽうで悲しい願望もある。たとえば〝自殺〟は死へとむかう願望だ。腹を立てれば、周囲の人の不幸を願ってしまうこともある。人を信用しない人は、誰かに傷つけられることを願う。そうすれば、やはり人なんか信用するものじゃないと自分を正当化できる。

聞き手が自分の願望をまじえて人の話を聞くと、話に〝怒り〟や〝よろこび〟といったニュアンスがプラスされてしまう。**聞き手は勝手に言葉を補足し、話を自分に都合よく解釈する。**

話し手が言った内容と聞き手が聞いた内容にくいちがいがあるとすれば、聞き手がそこに自分の願望を込めてしまっているからだ。

具体的な例をあげてみる。営業マンが売り込み先の購買担当者を相手に、自社製品を売り込もうとしている場面だ。

営業マン「この製品の品質にはご満足いただけると思います。いかがですか？」

担当者「ええ、そうですね。品質という点では申し分ありません。ただ、他社は同様の製品をもっと安い価格で販売しています。この製品の場合、価格が決め手となりますからね」

営業マン「他社の価格を教えていただけますか？」

担当者「いや、ご存じのとおり、それは教えられない決まりです。ひじょうに安いとだけ申し上げておきましょう。この種の製品にわたしたちは高い品質をもとめていないんですよ。質より量というわけです。ですから他社の品質でじゅうぶん満足しています。おたくの製品の半分以下の品質でも採算がとれますからね」

営業マン「わかりました。ありがとうございました」

商談を終えた営業マンは購買担当者のコメントを自分なりに解釈した。〝ライバルにくらべ品質を二倍高めても購入は無理である〟と。そして彼は上司に〝ライバルはわが社の半値〟と報告した。

もちろん購買担当者はそんなことはひとことも言っていない。ライバルがどれくらい安い価格をつけているかなどという情報はいっさい与えていない。購買担当者が巧みなコメントをしたために、営業マンはこれといった収穫もないまま商談を終えた。

だが営業マンは収穫ゼロという事実を認めたくなかった。おそらく、商談は困難を極めたとアピールしたかったのだろう。売り込みに失敗したのは自分の能力不足が原因ではないと思いたいあまり、取引先の担当者の話の内容を自分に都合よく解釈したのだ。

4　根拠のない推測

恋人が、伴侶が、まともに意見を聞いてくれないとぼやく人に朗報がある。そう思っているのはあなただけではない。**たいていの人は自分以外の人間など眼中にないのである。**

少なくとも人の知識や意見にはさして注意を払っていない。

情報交換する際、こちらが発信する情報をそっくりそのまま相手が受け取るなどと考えてはならない。相手に伝わるときにはかなり目減りしている。

聞き手は目減りした部分を都合よく埋め合わせようとする。勝手に情報を加え、自分の願望に沿った内容に仕立て上げようとする。

聞き手の沈黙はよい兆候だろうか？

こたえはノーだ。**沈黙は決してよいサインではない。**

黙っているのは理解してくれている証拠と早合点すると、意思疎通に失敗する。なにも言わないのは理解し同意してくれているからだと話し手は解釈したがる。が、それはあくまでも話し手の願望である。じっさいには聞き手は話をまったく聞いていないかもしれない。

いま話をしている相手がなにをどれだけ知っているのか、憶測するのは禁物だ。相手にはかならずじゅうぶんな情報を与えなくてはならない。これまでのいきさつから相手がこれについては知っていると確証があるならべつだが、確証がなければ放置してはならない。きっとわかっているだろうと憶測して説明を省くと、こちらの意図はまったく伝わらない。それどころか、相手は中途半端な情報を自分勝手に解釈してしまう。

情報を中途半端なまま伝えるとどうなるか、という例を見てみよう。場面は医師の診察室。医師は患者の診察を終えたところである。

医師「咽頭炎(いんとうえん)ですね。喉(のど)が炎症を起こしています。一日三回塩水でうがいをして、寝る前にアスピリンを服用してください。抗生物質の処方箋を出しておきましょう。一日三回、三日間服用してください。症状は軽いですから、数日で治るでしょう」

患者「ああよかった。重い病気ではないんですね。なにが原因でしょうか?」

医師「ウイルスですよ。誰かからうつされたんでしょうな」

患者「それなら夫や子どもにもうつしてしまうかもしれませんね。家族といっしょに過ごすのはまずいですか？」

医師「いや、大丈夫ですよ。でも、あまり近づきすぎないように。おなじコップを使ったり、キスするのはやめてください」

患者「うがいには湯冷ましを使ったほうがいいですか？」

医師「いや、水道水そのままでだいじょうぶです」

患者「塩はどれくらい入れたらいいでしょうか」

医師「ティースプーンに半分ですね」

患者「うかがいたいことはこれだけです。あ、もうひとつだけ。抗生物質ですが、飲むとふらついたりしますか？」

医師「たぶん、そんなことはないでしょう」

患者「あともうひとつだけおたずねします。先生がお忙しいのはよく存じていますが、もうひとつだけ。入浴はやめておいたほうがいいでしょうか。それから食べてはいけないものはありますか？」

医師「いや、とくに気をつけることはありませんよ。あまり神経質にならず、ゆっくり休息をとるようにしてくださいね」

患者「ありがとうございます。おかげさまでよくわかりました。月曜日になってもよくならなければもう一度うかがったほうがよろしいですか？」

医師「そうですね。そうしてください、ハリスさん。でもきっと治っていますよ、それまでには」

もしも医師が患者の立場になって薬を飲んだりうがいしたりする場面を想像していたなら、最初から患者の質問を先取りする形でもっとくわしく説明していただろう。注意点をメモにして患者にわたせば、なお親切だっただろう。この患者が過去に抗生物質を処方されたりうがいの指示をされたりしていた可能性はある。しかし今回診察にあたった医師がどんな見解をもっているのか、きちんと確かめておきたいと患者が思っても不思議ではない。

もしも医師がつぎのような説明をしていたなら、両者のコミュニケーションはもっとスムーズにいっただろう。

医師「これは咽頭炎ですね。ウイルスが原因で起きる喉の炎症です。二、三日もあれば治るでしょう。きっと誰かからうつったのでしょう。コップを共有したりキスをしたりするとご家族にうつってしまうかもしれませんから、数日間は気をつけたほうがいいでしょう。

注意すべき点を書いておきますから読んでください。うがいは一日三回、グラスに水道の水をたっぷりそそいでティースプーン半分の塩を入れてください。それから抗生物質の処方箋を出しておきます。一日三回、一錠ずつ三日間服用してください。時間はとくに指定しませんが、できれば食前か食後がいいでしょうね。飲み忘れる心配がありませんから。月曜になってもまだ喉の調子が悪いようであれば、いらしてください。おそらく、そのころにはよくなっているとは思いますが。ほかになにかご質問がありますか？」

5 根強い秘密主義

自分の考えや気持ちを人に知られまいと厚いカーテンを引いてしまう人がいる。自分自身の感情や考えを否定したがる人だ。

彼らは自分と同じようなことを考えたり感じたりする人のことを嫌う。また、誰かに自分の本音を知られたら、嫌われたり拒絶されたりするのではないかと怖れている。だから自分の内面を見せまいとする。ちょうど警察に逮捕された容疑者のようなものだ。あなたの発言はあなたに不利にはたらくかもしれない、と警告を受けている状態である。彼らはこの警告を復唱し忠実に守り、必要最小限のことだけを口にする。

むろんこれは極端な例だ。が、ここまで極端ではなくても、自分の思っていることや感情を出すのを多少セーブする人は大勢いる。これには個人差も大きい。

他人に対する警戒心が薄い人ほどオープンだ。対照的に、外界のすべてに対し猜疑心を抱いている人は心をぴったり閉ざし、外界とのコミュニケーションを断とうとする。

仕事上、また個人的な事情から隠しておかなくてはならないことはあるだろう。なにもかも洗いざらいしゃべれば周囲のひんしゅくを買う、という場合もある。

しかしどんな状況においてもかたくなに自分の内面を隠そうとする人はいる。場面や相手に応じてなにをどこまで話すべきか、自分の判断で柔軟に決めればよさそうなものだが、彼らはそうしない。相手が誰でもどんな話題でも、態度は変わらない。すこしでも自分を見せたら危険だと思い、身の安全のためにあくまでも隠そうとする。

だがどうだろう。それほどまでにして隠さなければならないことが、いったいどれほどあるのか。

たとえば隣人や友人との会話で、しゃべるつもりのなかったプライベートなことまで打ち明けてしまったとする。それであなたは痛い目にあうだろうか？　その情報が悪用されれば、あなたは窮地に立たされるだろうか？　それが可能だとして、相手はほんとうにそんなことをするだろうか？

実際にそういう場面に立てばわかる。プライベートな情報を知られるのはたしかに不安かもしれないが、案外それは取り越し苦労であったりする。たいていは心配するほどのおおごとではない。冷静に考えてみれば、いくらプライベートな情報といっても、極秘扱いするほどの情報ではない。あえて人にさらして気詰まりな思いをする必要はないが、うっかり知られてしまったとしても気にすることはない。

会話をしているときの自分を観察してみよう。あなたは自分について、相手から聞かれていないことまで話すタイプだろうか？　質問されたらたずねられた範囲のことだけをこたえるだろうか？　それとも、質問の枠を超えて相手に必要な情報をすべて提供するだろうか？

人にどれだけこころをひらくのか、その加減は一人ひとり驚くほどちがう。たくさん話したがる人、できるだけ話すまいとする人、さまざまである。それに応じて、コミュニケーション能力は大きく差がつく。

つぎの例を見てみよう。人事部長が入社希望者と面接している場面である。無意味な秘密主義がどれだけコミュニケーションを阻むのかがよくわかる。

人事部長「仕事の内容とそのために必要な能力についてはわかってもらえたと思います。さて、つぎはあなた自身について聞かせてください。まずはこれまでの仕事について、話してもらえますか？」

応募者「デパートと銀行ではたらいていました」

人事部長「具体的な仕事の内容を教えてください」

応募者「デパートでの仕事ですか？　それとも銀行ですか？」

人事部長「デパートのほうを」
応募者「販売をしていました」
人事部長「なにを売っていたのですか？」
応募者「紳士服を」
人事部長「もうすこしくわしく仕事の内容を説明してもらえますか？」
応募者「たとえばどういったことを？」
人事部長「そうですね、どのくらいの期間はたらいていたのか、仕事はうまくいっていたのか、業務内容は気に入っていたのか、などですね。あなたのこれまでの経験をもうすこし知るために」
応募者「勤めたのは二年間で、かなりの成績をあげました。仕事は気に入っていました」
人事部長「銀行の仕事はどうでした？」
応募者「学生時代にはたらいていたんです」
人事部長「放課後のアルバイトという意味ですか？」
応募者「いいえ、夏休みのあいだだけです」
人事部長「具体的にどんな業務を？」
応募者「使い走りをしたり、郵便物を配ったり、書類整理をすこし手伝ったりしました」
人事部長「銀行ではたらいた感想は？」

応募者「満足していました」

おわかりのとおり、この応募者はあくまで秘密主義を貫いて自滅しようとしている。これまでに経験した仕事の内容を具体的にあげ、それについての感想を述べ、いま応募している職にその経験がどのように生かせるのかをアピールするべきなのに、口数が少なければ少ないほど有利だという思いが強かったのだろう。

コミュニケーションを阻む障害物を乗り越えるには

質の高いコミュニケーションの原点は、思っていることを相手にそのまま理解してもらうことである。単なる言葉のやりとりであってはならない。

本章で述べてきたように、意思疎通を阻む要因は、わたしたちの内にあるさまざまな思いや願望である。これがつねに会話を脱線させようとする。うまく対処しなければ、意思疎通をはかることはむずかしい。会話はたちまちかみ合わなくなり、コミュニケーションが成り立たなくなってしまう。抱えている荷物を降ろすことばかり考え、相手と考えを共有し共通のゴールめざして進もうという目的を忘れてしまう。

だがテクニックさえつかめば、こうした問題をうまく解決して、おたがいの意思を伝えあうことができる。次章からは解決法について述べてゆきたい。ぜひ実践をつうじてこうした技術を身につけていただきたい。

人を理解し、人に理解してもらうために。さらに、ものごとをストレートに考え問題を効率的に解決するために。

まずは話しかたからはじめよう。どのような話しかたをすれば、言いたいことが相手に伝わるのだろうか。

第2章　会話に乗ってもらうために

会話には意見とともに感情が込められている

会話とは意見を伝えるだけのものではなく、感情を伝えるためのものでもある。人の感情はつねにおもてに出るすきを狙っている。待ったなしであふれる感情もあれば、じわじわとしみ出すようにあらわれる感情もある。油断していると、会話はこうした感情に支配されてしまう。

理路整然と話そうとしても、つい感情のおもむくまま脱線してしまう、といったことはよくある。

建設的な話し合いをするはずが、うっかりするとゴシップに花が咲いている。気がつけば、たまっていたうっぷんを晴らしている。意見をたたかわせるつもりだったのに、相手に不安を訴えて励ましてもらおうとしている。見当ちがいな懺悔(ざんげ)をはじめて罪悪感から解放されようとする。うれしかった経験を披露していっしょによろこんでもらおうとする。

本題からそれて自慢話になったり、愚痴のこぼしあいになったり、それ以外にも相手に媚びる、相手を威嚇する、おだてる、励ます、共感するなど、いろいろなことをしている。**会話をしているとき、わたしたちの内部では綱引きがおこなわれている。**本題について論理的な会話をしたいという気持ちと、自分の感情を発散させたいという気持ちが勢力争いをするのだ。わたしたちは同時にふたつは選べない。したがってつねにどちらかいっぽうを優先させるしかない。

その結果、論理的な部分と感情がバランスよく配分されればよいのだが、感情が話をぶつ切りにしてしまうことのほうが多い。

だからといって感情を無理に抑え込むよりも、情緒的な要素を上手に話に取り入れるほうが利口である。それがうまく話をするコツだ。

話の本題と感情表現を無理なく配分するとはどういうことか、つぎの会話例を見ていただきたい。

メーカーの営業部長が上司のマーケティング担当副社長と話している場面である。このメーカーは消費者向けの商品を製造し、卸売業者に売っている。商品は卸売業者から小売業者に販売される。営業部長は現在のやりかたを変更して、希望する大手の小売店に対しても直接販売すべきだと考えている。

営業部長「小売業者には直接販売しないというわが社の方針は承知しています。しかし、ここでその方針を見直してはどうでしょうか。現場はそれを望んでいます。大手の小売業者からの要望が強く、直接販売してくれないのなら当社の製品は仕入れないとまで言っています」

副社長「方針を変えるわけにはいかないのだよ、ビル。いま販売している卸売業者との取引をストップしたりしたら、彼らも黙ってはいないだろう。それに大手の小売業者との取引をはじめたら、中堅の小売業者も直接取引をしろと要求してくるだろう。断って怒らせたくない。頼むよ、きみならなんとか現場をまるくおさめられるだろう」

営業部長「それはもう。彼らの意欲を引き出すくらいわけないことです。ご存じのとおり、現場はやる気に満ちています。それに、わたしが営業部長になって以来、退職率はぐんと減っています」

（営業部長は副社長からの評価を気にして不安になっている。その不安を打ち消すために自分の能力をアピールする。これはあきらかに本題とは無関係だが、彼はどうしてもそうせずにはいられない）

副社長「わかっているとも。それについてはじゅうぶん満足している。問題は、大手の小売業者の要求をどう抑えるかだ。規模が大きくなって大量注文を出せるようになると、彼らはとたんに強気になる。油断していたらなめられてしまう」

（ここで副社長は大手の小売業者への怒りを出している）

営業部長「部下たちには大々的なキャンペーンを張ってどんどん商品を売れとはっぱをかけ、うまくいっていました。いっぽうで小売業者からの不満は積もっていたのですが、わたしがなだめてきました。わたしが直接対応すれば、彼らは納得してくれます。現場の者にまかせると、どうしても相手の迫力に押されてしまいます。わたしがすべてに対応できればいいのですが、そうもいかないもので」

（形としては部下たちの奮闘ぶりを報告している。と同時に自分には小売業者を仕切る力があると強調している。副社長には現場が苦労していることさえ伝わればよいのであって、営業部長についての情報を加える必要はない。しかし営業部長は自分に関する情報を伝えることで不安をやわらげようとする。つまり自分のエゴを優先している）

副社長「小売業者を責めるわけにもいかないな。彼らもわたしたちと同じだ。すこしでも利益をあげたいのだから。しかし妙案を思いつくまでは現在の方針を変えるわけにはいかない」

（小売業者に対し憤りをあらわしてしまったことに罪悪感をおぼえ、さきほどの攻撃的な意見を撤回している）

営業部長「わかりました。この方針でいきます。ところで日曜日に大物を釣り上げたそうですね、聞きましたよ」

副社長「そうなんだよ。なかなか手こずったがね。あんな大物を釣ったのは初めてだ（ふふと相好をくずす）。女房はわたしがクジラでも釣り上げたかと思ったらしいよ。味も飛び切りでね。こんなことを話していたら腹が減ってしまった。どこかで昼食をとろうじゃないか」

（満足感をあらわしている）

会話の端々にわたしたちは自分の感情をあらわしている。どのようにあらわれるかは、会話の相手しだいである。

相手に応じて協調的になったり反抗的になったり、友好的になったり敵意をあらわしたりする。相手への賞賛、へつらい、批判、励ましを示したりもする。情報を与える、与えないといった判断も相手しだいである。これ以外にもわたしたちは相手に応じてさまざまな感情表現を会話に織り込んでいる。

気を配ることでコミュニケーションを円滑にする

相手に対してどのような感情を抱いているのか。これは会話の質におおいに影響する。なにかを伝えようとするときには、理路整然と語るだけではじゅうぶんではない。どうしたら相手が話に乗ってくれるのか、それを考えなくてはならない。

相手がなにかと抵抗を示すときには、こちらの話を聞く気がないと見てよい。が、あからさまな抵抗であればともかく、わかるかわからないかのほんのかすかな抵抗では、面とむかって抗議するわけにもいかない。

たとえば情報を独り占めして教えてくれない。こちらの要求を断るのではなく、のらりくらりとかわすだけ。あるいは、聞かれていないのだからこたえる義務はないとばかりに、有益な情報を教えてくれない。こちらの話に耳を傾けているように見せて、じつはかかわり合いになりたくないので聞き流している。こちらの思考を攪乱するために意味もなく反論する。しまいにはこちらの言っていることを頭ごなしに否定する。理屈ではなく、ただ相手を拒絶するために。こうした抵抗を示しながら、そのいっぽうで微笑み、うなずき、共感しているという態度をとられたらどうだろう。

相手に聞く耳をもってもらうにはどうしたらいいのか。それにはとにかく相手に気を配ることだ。会話をつうじて得をしてもらう。直接の利害ではなくても、満足感という形の得でもよい。

あなたの能力を評価している、あなたに協力してもらえるとひじょうに助かる、あなたという人をとても尊重している、というこちらの気持ちが伝われば、相手はきっとうれしいはずだ。

会話に乗ってもらうための三つの方法

相手に会話に乗ってもらうための原則を三つ紹介しよう。

1　会話の目的を告げてから会話に入る

会話に積極的に参加するには、相手から信頼されているという実感、そして自分も相手を信頼できるという気持ちが必要である。信頼できない相手に意見をぶつけたり情報を共有したりするのは不安である。どんなふうに悪用されるかわからない。あなたの言ったことはあなたに不利にはたらくおそれがあります、という警察官の声がどこかから聞こえてくるだろう。信頼のおけない相手との会話には乗らない、しゃべらない、それが自衛策となる。

逆に、相手から信用されていないと感じたらどうだろう。精神的なダメージを受けるにちがいない。あなたは信頼のおけない人物だと暗に言われているようなものだ。人格が傷つけられ、憤慨し、話に共感するどころか反発するだろう。

こうした不信感が生じる背景をさぐってみよう。

なにかを質問するときに、なぜその情報が必要なのかという理由を省くと、相手に不信

感を持たれやすい。質問される側のこころのうごきを追ってみると、つぎのようになる。

わけを説明しないで情報を引き出そうとするのは、知られたくない理由があるからにちがいない。こちらが情報を出したくなくなるような理由、あるいはこちらが気を悪くするような理由があるにちがいない。

そんなふうに解釈すれば、そこから導き出される結論は、〝相手の話に乗るな〟である。人はつねに自分の利益を優先するので、これは自然な結論だ。

相手が質問の理由を出し惜しみするのはたがいの利害が対立しているからだろうと判断し、自分を守るために話には極力乗らないようになる。

会話のとちゅうで理由も言わずに相手になにかをたずねる、これはよくあることだ。こういう場合、聞かれた側は懐疑的になる。これはワナではないかと疑う。多くの場合、それは邪推ではない。

質問者は反論されたくないので、あえて理由を伏せて質問しているのだ。ほしい情報を収集し、それを武器に相手を追いつめようともくろんでいるのだ。

対して、質問された側は最初の質問ですぐに警戒モードに入り、うかつなことを言うものか、相手の誘いに乗るものかと身構える。相手の話には乗らず、もっぱら話の腰を折ろうとするのである。

相手が会話に乗らないという例を、つぎの会話で見てみよう。地区マネジャーと部下の営業マンとの会話である。マネジャーは部下のはたらきぶりに満足していない。もっと契約がとれるはずだと考えている。しかし部下にははっきり告げず、この会話で自覚させようとしている。

地区マネジャー「ビル、有能な営業マンにはどんな能力がもとめられるだろうか？」
営業マン「有能な営業マンですか？　意欲、積極性、相手を説得できる話力、計画性ですね。それがなにか？」
地区マネジャー「きみは自分のことを積極的だと考えているかい？」
営業マン「ええ、そう思います。そうでなくては契約はとれませんから」
地区マネジャー「では、積極性とは具体的にどういうことなのかな？」
営業マン「売り込みをかけ、むずかしい交渉でも根気強く商談をつづけ、注文をとる（ひと呼吸置く）ことだと思います。でもなぜそんな質問をするのでしょうか。わたしが積極的ではないとお考えですか？」
地区マネジャー「きみは商談の際にはどんなやりとりをするのかな？」
営業マン「どういう意味ですか？　商談には何度も同席されたはずですが」
（営業マンはいらだっている）
地区マネジャー「きみの口からくわしく聞かせてもらいたい」

営業マン「挨拶して、商品の説明をして、サンプルを見せて、資料をわたして帰ります」
地区マネジャー「注文はどうした？」
営業マン「注文？」
地区マネジャー「注文はとらないのかね？」
営業マン「注文をとらずに受注はできませんよ。わたしの販売実績がアップしているのはご存じですよね。わたしの営業になにか問題があるのでしょうか？」
地区マネジャー「たしかに、きみは実績をあげている。だが、もうすこしがんばれるはずではないかな。前回きみの営業に同行していて気づいたのだが、契約までの詰めが少々甘かったね」
営業マン「どういう意味でしょう？　わたしは自分なりのやりかたで契約をとっています。営業マンはそれぞれ独自のアプローチをするものです。現にわたしにこうおっしゃったじゃありませんか。型どおりの方法をとるなと。それにあのときはタイミングが悪かったんです。たまたま何度かつづけて受注できなかっただけのことです。あれはたまたまです」

この例では、あきらかに地区マネジャーの側に問題がある。営業マンの能力を疑っていることが透けて見える。これは相手に対する侮辱だ。気をつけて聞いていれば、地区マネジャーの本音が感じ取れるはずだ。営業マンはつぎのようなメッセージを受け取るだろう。

「きみには現実を見て自分を成長させようという意思がない。体裁だけつくろってその場を切り抜けようとしている。いくら建設的なアドバイスをしても、つっぱねるだけだ。きみが素直に受け入れようとしない以上、正面切って意見しても無駄だ。きみが自分に欠けている点を自覚するように、遠回しに攻めてゆくつもりだ」

地区マネジャーのメッセージは営業マンに突き刺さる。だからかっとなる。営業マンが反発するのは理屈ではなく、怒りを表明するためなのである。

この会話例ではマネジャーはもともと営業マンの反発を警戒していたはずだ。ところがみすみす相手の反発を買い、コミュニケーションを壊してしまっている。

それなのにマネジャーは自分の軽率なやり方が営業マンの反抗を招いていることに気づいていない。営業マンに言い返されてもまだわからない。

それどころか自分の言ったことが図星だから部下は反発するのだと勘ちがいしている。相手はまんまとワナにはまって自分の落ち度を認めた、と悦に入る。

これでは堂々めぐりである。

いったん他者へのアプローチのしかたをまちがえると、そこから抜け出すのはたいへんむずかしいという例である。

もしも地区マネジャーがこんな言葉で会話の口火を切っていたなら、ことの成り行きはちがっていただろう。「ビル、契約の取りつけについてきみと話をしたい。前回きみの営業に同行したときに、どうも詰めが甘いように感じた。きみの考えを聞かせてくれないか？」

それに対し営業マンは「まったく気づきませんでした。自分ではうまくやっていたつもりなのですが。具体的にどう感じたのか、教えてもらえますか？」とこたえたかもしれない。この流れでいけば、ふたりで問題点を洗い出し営業マンのこれまでのはたらきぶりを客観的に見ることができるだろう。マネジャーが営業マンのやりかたを一方的に責めるような事態にはならない。

2　相手の気持ちを尊重する

会話をしているときには言葉にならないさまざまな情報がやりとりされている。たとえば相手をどのように思っているか、という情報である。**聞きかた、話のしかたで、わたしはあなたのことをこんなふうに思っているのですよということが相手に伝わる。**

三歳児にもわかるようにかみ砕いて説明したり、必要以上にていねいに話したりすれば、相手の知性を低く見積もっているサインだ。話をたびたび遮れば、相手の意見を軽視しているというサインになる。

自分の気持ちや秘密を打ち明けるのは、あなたを信頼していますよと言っているのと同じだ。相手に意見をもとめれば、あなたの判断力に敬意を払っていますよということになる。

相手にメッセージを伝えるという行為は、最上級の贈り物をすることに似ている。磨き抜いた言葉で表現し、ぴりりとウィットを効かせることも忘れない。だがせっかくの贈り物も、贈りかたをまちがえれば相手の神経を逆撫ですることになる。相手からは賞賛どころか、思いがけない手厳しい反応が返ってくる。

どれほど筋がとおりウィットに富み非の打ち所がないメッセージであっても、こころを閉ざしている相手には伝わらない。人は自分が敬意を払われていないと感じたとき、かんたんにこころを閉ざしてしまう。

相手の反感を買ってしまう例として、ここで看護師と患者の会話を見てみよう。

看護師「おはようございます、メイスンさん。気分はいかがですか？　あら、朝食にほとんど手をつけていませんね」

患者「おなかが空いていないもので」

看護師「それはいけません！　メイスンさん、ちゃんと食べないとよくなりませんよ。このシリアルだけでもすこし食べてみましょう。元気が出ますよ」
（おなかが空いていないという患者の気持ちをまったく無視している）
患者「シリアルは食べたくない。頭痛がするんです」
看護師「あらあら、わがままですねぇ。じゃあ最初のひとくちだけわたしが食べさせてあげますから、残りはご自分で召し上がってくださいね。いい子だから」
（患者を子ども扱いしている）
患者「お茶をすこし飲むだけでいいです」
看護師「シリアルをひとくちだけ食べてごらんなさい。あのね、メイスンさん。患者さんはあなたひとりだけではないんですよ」
（患者が看護師を独り占めしたがっているのを諭すような口調である）

看護師は患者に対し、あなたの言っていることは重要ではない、あなたは子どもと同じ、そしてわがままだとほのめかしている。これでは患者の反発を招くばかりだ。
患者の気持ちを上手に誘導するにはどうすればよいのだろうか。患者が朝食に手をつけていない事実だけを指摘していれば、つぎのような流れになったはずだ。

患者「おなかが空いていないもので」

看護師「気分が悪いんですか？」
患者「頭痛がします」
看護師「まあそうですか。ではアスピリンをお持ちしますね。きっとすぐによくなりますよ。それからお食事ですが、食欲がないのはわかりますが、からだのためだと思ってシリアルをすこしでも食べてみませんか？」

この会話では、看護師は患者のうったえに真剣に取り組んでいる。体調をたずね、食欲がなくても食事をとったほうがよいと説明している。患者の頭痛にもきちんと対応し、薬を出すと約束している。さらに食事をとるかどうかの判断を患者自身にゆだねている。つまり患者にはそれだけの判断力があると認めているのである。

会話をするとき、頭のなかで相手と入れ替わって自分の言葉を聞く立場に立ってみよう。どんなふうに感じるだろうか。聞き手の立場からは発言者（自分）がどう見えるだろうか。いま自分は相手からどう思われているだろうか。この言いかたで相手はよろこぶだろうか、それとも気を悪くするだろうか。

こうして自問自答してゆくと、自分の言葉を相手がどう受け止めているのかがわかってくる。相手の共感を引き出し、反感を抑えるにはどのように話せばよいのか、そのヒントがつかめる。言葉に敏感になり、行間を読めるようになる。

3　的はずれの質問を受け止め、なぜそのような質問が出るのかを考える

そもそもこちらの話に相手がじっくりつきあってくれる、などと期待するほうがまちがっている。多忙で時間に追われている身であれば、質問をしながら話を整理して早く要点をつかみたいと思うのももっともだ。

話し手は聞き手から唐突な質問が出ると、自分の話を本気で聞いていないと感じてしまいがちだ。しかし一見、脈絡のない質問であっても、聞き手にとっては意味がある。**話し手と聞き手の関心はかならずしも一致していない**。本筋とは関係のなさそうな質問でも、聞き手にはなんらかの思惑があるはずだ。

もしかしたら相手はこの会話を単なる意思疎通に終わらせたくないと考えているのかもしれない。たとえばこの会話を利用して自分の存在をアピールしたいのかもしれない。善良で有能だと印象づけたい、自分の評価を確かめたい、憤りや不安をすこし解消したい、自分の幸福ぶりを伝えたい。そのような自己アピールのほうが本題よりもたいせつなのかもしれない。そのために会話を利用しているとも考えられる。

会話とは論理と感情のせめぎあいの場であると考えてみる。論理的な話し合いをするためには、相手が会話に感情を持ち込むのを認めることだ。すると相手もこちらの論理に耳をかたむけようという気になる。

会話の目的は自分の考えを理路整然と相手に伝えることだけではない。人と良好な人間

関係を築くためにも、この点をわきまえておくべきだ。会話ほど人の感情を忠実に伝えるものはない。それに対し柔軟な姿勢で辛抱づよく相手の言葉を受け止め、きちんと対応すべきである。

会話のとちゅうで本題とは論理的にむすびつかないことを相手が言い出す場合、それは相手の思考が混乱しているからでも、会話の流れが読めていないからでもない。**相手の頭のなかでは会話と同時進行でべつの思考が進んでいるのである。**その思考が勢力を強め、ついに会話に進出してきたというわけだ。

同様に、相手からいきなり新しい話題が出てきた場合、その場の思いつきを口にしているわけではない。当人の頭のなかでは着々と準備活動が進んでいたはずだ。唐突だと受け止めるのは傍のものだけで、相手は人知れず考えをめぐらし、ある程度思いが固まったところで言葉にしたに過ぎない。

つぎの会話例を見ていただきたい。友人どうしのジムとポールの会話である。レストランで昼食をとりながら世間話をしている。ふと、会話がとぎれる。

ジムは買おうと思っているカメラについて考える。価格は一〇〇〇ドル。安い買い物ではない。二の足を踏んでしまうのは、つい最近妻と貯金の話をしたばかりだから。もっと家計を切りつめて貯金を増やそうと決めた。それに、カメラならすでに一台持っている。安物だが何年もそれでじゅうぶんに役に立ってきた。

しかし一〇〇〇ドルのカメラの広告では魅力的な機能がたくさん紹介されていた。あれならいままでに撮ったことのない写真が撮れるにちがいない。子どもたちや妻の自然な表情をとらえ、折々の家族のイベントもすばらしい作品になるだろう。それでもやはり後ろめたい。どうしたら高いカメラを買うことを正当化できるだろうか。

ジムはわが子が小さかったころのことを思い出してみる。いま八歳と一〇歳の子どもたちが赤ん坊だったころを。ところがなんとしたことか、あのころの子どもたちがどんなふうだったのか、はっきりおぼえていない。赤ん坊だったわが子の顔がぼんやりとしか浮かんでこないではないか。ああ、もっとたくさん写真を撮っておけばよかった。

写真を撮ることがあれほど好きだったのに、どうしてもっと時間をかけて撮っておかなかったのだろう。いや、写真だけではない。ほかの趣味にももっと時間を割けばよかった。これまで余暇をじゅうぶんに楽しんでこなかった。日々の仕事に追われ、家のことや子どもたちの世話に明け暮れていた。余暇といえばだらだらとテレビを見たり雑誌を眺めたり、芝を刈ったり、ドアを修理したり、妻とありふれたことを話すくらいのものだった。もっともっとちがう過ごしかたがあるはずだ。

ここまで考えて、ジムは自分の気持ちを口にした。

ジム「なあポール。人生なんてあっという間だなあ。時間ってやつはちっとも待ってくれやしない。子どもたちが生まれたのが、つい昨日のことのように思えるよ。自分ではまだ二五歳くらいのつもりなのに、もう三八歳だ。人生を謳歌していないんだろうなぁ。もっといろんなことを楽しむ生きかたもあるはずなのに」

思い出してほしい。もともとジムは高いカメラを買おうかどうか悩んでいた。それが発端だ。ジムは自分でも意識しないまま、高いカメラを買うことを正当化しようとしている。高くてもカメラは買うべきだと自分に言い聞かせているのだ。

むろん、ジムの胸の内をポールが知るはずもない。しかしジムの言葉に触発されてポールの内面ではあれやこれやさまざまな思いが芋づる式に出てくる。ポールは会社で出世が遅れているのをすこし気にしている。もっと高い役職についていてもいいはずだという思いがある。そんな心境にジムの言葉がうまくはまった。そうだ、昇進などたいした問題ではない、ポールは自分に言い聞かせようとする。ポールの反応、そして会話のなりゆきを見てみよう。

ポール「そのとおりだよ、ジム。この調子ではあっという間にすべてが終わった、なんてことになりかねない。出世のことばかり気にしてあくせくはたらくなんてバカらしいよ。それよりも、もっと人生を楽しむべきなんだ」

ジム「まったく同感だ。僕には趣味と呼べるものすらない。没頭できる趣味、ほんとうに自慢できる趣味がないんだ。もっと有効に余暇を使わなくてはもったいないな」

ポール「わかるよ。出世に目の色を変えてがんばり過ぎて、それが人生の究極の目的じゃないってことをすっかり忘れているんだな。たいせつなのは、幸せになることだよ」

ふたりの会話を小耳にはさんだ人は、人生の無常についての哲学的な対話だと思うかもしれない。しかしこの会話の焦点は人生の無常などではない。ふたりは壮大なテーマに名を借りて自分の気持ちを発散させているだけだ。こころにささったトゲの正体は明かさないまま。

ジムにしてみれば、たかだか一〇〇〇ドルの使い道で葛藤しなければならない自分が情けないといった心境だろうか。買い物をするのに妻の承諾を必要とする自分、たった一〇〇〇ドルにこだわらなくてはならない自分、衝動的に行動して後悔したくない自分、それが葛藤となってのしかかる。

いっぽうポールは自分が負け組だとは認めたくない。ましてジムに知られるのは耐えられないのだ。

人は自分の意図に沿った発言をする。この会話例では、それぞれの発言の裏にはカメラの購入と仕事の不振をめぐる葛藤がある。おもてむきのテーマ（人生の無常）は、たがいの思いを乗せるための道具でしかない。

この会話を聞いた第三者が親切心から偉大な哲学者の言葉などを持ち出したらどうなるか。人生の意味や目的について先人が見出した真実はふたりの会話のテーマに即している、と思うのは第三者だけだ。当のジムとポールにとってそんな言葉は退屈なだけ。ほとんど関心を示さないだろう。

わたしたちは自分の目的に沿って話を進めてゆこうとする。ところが会話にはかならず相手がいるので、おたがいの思惑がからんで話はジグザグ模様で進むことになる。

会話のとちゅうでいきなり話が飛ぶことがあるが、それはこちらがそうとらえるだけで、相手にとっては必然的な流れなのである。

こういう場合には相手の発言を無視したり本筋から外れていると指摘したりするのは控え、とりあえず流れに乗り、相手の発言の意図をみきわめる。さもなければ、おたがいの気持ちは離れてしまうばかりだ。

父親と一二歳の息子のあいだで交わされる会話を見てみよう。

父「ビル、成績表を見たよ。勉強に身が入らないようだね」
息子「うん。でもやろうとはしているんだよ」
父「前々から気になっていたんだが、父さんは家できみが宿題をやっている姿を見たことがない。外でボール遊びをしているかテレビを見ているだけだ。きちんと勉強をしなければよい成績はとれないぞ」
息子「でもねパパ、僕はちゃんと決めていたんだよ。勉強する予定を立てていたんだ。先週の土曜日は朝早く釣りに行こうって約束していたよね、おぼえてる？　だから釣りからもどったら午後はずっと勉強する予定にしていた。そして夜には映画を観に行くつもりだった」
父「釣りは関係ないだろ」
息子「けっきょく釣りは行かないってことになって、すっかり予定が狂っちゃった。ちがうことをやりはじめたら、あっという間に一日が終わっていたんだ」
父「ビル。いいわけなんて父さんは聞きたくないよ。そういういい加減なことでどうする？　事実だけにしぼろう。きみの成績は悪いし、勉強していない。さあ、どうしたらいいのかな？」
息子「わかったよ、パパ。もっと勉強するよ」
父「まじめに勉強しているところを見せてくれよ。でなければテレビはおあずけだ」
父親の頭にあるのは、もっと勉強をして成績をあげると息子に約束させることだけだ。息子は前々から約束していた釣りが取りやめになった件を持ち出しているが、父親は取り合おうとしない。この会話には無関係だと思ったからだ。たしかに息子の説明はこじつけのように見える。

しかし、だからこそ父親は察してやるべきだった。息子が父親にうったえようとした胸の内を。

父親は息子の説明を〝いいわけ〟と決めつけ、息子の気持ちに蓋をしてしまった。もはやなにを言っても無駄だ、と息子は思う。

息子は思いつきで釣りの一件を持ち出したわけではない。**わたしたちは必然性のないことは口にしないものだ**。

息子の見当はずれな返答の裏にある思いを汲んで父親がちがうこたえかたをしていたらどうだっただろう。釣りがキャンセルになったので一日の予定が狂ってしまったと息子が言うところから見てみよう。

息子「けっきょく釣りは行かないってことになって、すっかり予定が狂っちゃった。ちがうことをやりはじめたら、あっという間に一日が終わっていたんだ」

父「釣りを取りやめたのは悪かったと思っているよ、ビル。でも母さんも父さんも金曜日は遅くまで出かけていたから、くたびれていたんだ。釣りに行かなかったから勉強しなかったのなら、それは父さんのせいということになるね」

息子「そういうわけじゃないよ。でも、これでもう三回連続で父さんは約束を破っているじゃないか」
父「ほんとうか？　なるほど、きみの言うとおりだ。やるべきことをやらないのは父さんも同じだったんだな。それがおもしろくなくて、勉強に集中できなかったんだね」
息子「すごく腹が立ったよ。宿題なんてやる気にならなかった」
父「わかるよビル。どうだろう、こんどの土曜日にうんと早起きして釣りに行かないか。金曜の晩はかならず早寝をすると約束するよ」
息子「行くよ！」
父「ところで、勉強のほうはどうするつもりだ？　釣りのことで怒っていたのはわかった。しかし成績が悪いときみがいちばん困るんだぞ。たしかに父さんは約束をすっぽかして悪いことをしたと思っているよ。が、それと勉強とはべつではないかな？」
息子「そうだね。考えが足りなかった。これからは毎日勉強する時間を決めてまじめにやるよ」

この場合、父親は会話の目的をしぼり込まず、自分にとっても息子にとっても満足のゆくものとした。息子の意見を自分の意見と同等にあつかい、話の本筋に合っているかどうかを一方的に判断したりしない。息子の憤りを受け入れ、息子が勉強する気をなくす原因をつくったのは自分であると自覚し、歩み寄れる地点をさぐっている。

父親は自分にも息子にも会話の主導権があるのだと理解した。だから息子の憤りにまじめにむきあった。

もしも父親が会話の主導権をとることにこだわっていたなら、息子とは意思疎通ができずに終わっていただろう。

じっさいの会話では、**本題とは無関係のコメント、つじつまの合わない意見に耳をかたむけ、流れを切るような唐突な話題転換にもついてゆくこと**をすすめたい。そして相手の真意を確かめる。きっと理由があるはずだ。

会話はただ交互に言葉を交わすことではない。**ともに歩み寄って考えるという行為なのである。**

あなたの考え、あなたの気持ちに関心を払っています、自分の思いと同じくらい尊重していますという気持ちが相手に伝われば実りある会話となる。

とりあえず会話の目的と方向性を相手に知らせる、そこから会話をはじめてみよう。自分が聞き手の立場ならこういう言葉を聞きたいということを話し、相手のコメントは排除しないで受け入れる。

きっと相手は気持ちをひらき、こちらの考えに耳をかたむけてくれるだろう。

第3章　人の考えを引き出す

日々の暮らしをいとなむためにわたしたちは情報を取捨選択し解釈する。そのためのシステムがわたしたちにはそなわっている。視覚、聴覚、嗅覚あるいは皮膚や筋肉や内耳を通じて収集された情報は神経系をつうじて脳に送られ、そこで解釈される。そうやって得た情報をもとに行動が決まる。

わたしたちにとって最大の情報源は人だ。ただし、ほしい情報が手に入るかどうかは相手の決断しだい、あるいはこちらからのはたらきかけしだいである。

黙っていては情報は得られない

情報を手に入れるには、相手に要求し、それにこたえてもらわなくてはならない。

わたしにあなたの情報をください、時間と労力を割いてくださいと要求するということだ。あなたの思考を中断してわたしのために使ってください、こちらの要求に対しどう応じるか、考えてくださいと頼むわけである。

相手の頭のなかでは葛藤が生じる。要求に応じて情報を与えるか、与えることを拒絶するか。いま没頭していることから気を逸らしたくないと思えば、ノーという結論にむかう。いまは自分で考えたいことがある、表現したい意見や感情がある、という場合は要求にこたえるだけの余裕はないだろう。わけあって情報を伏せたがるケースもある。秘密主義、あるいは保身のために。

人に自分の意見や感情を伝えたいという気持ちが相手にあれば、こちらの要求に応じてくれる。それが人助けになると思えば、ますます情報を提供しようという気になるだろう。

相手がよろこんで情報を提供するようにはたらきかける

どうすれば快く情報を提供してもらえるだろうか。まず、ありがたいというこちらの気持ちを表現することだ。すると相手はよいことをしたという深い充実感を味わえる。

むろん、聞きたいことがすぐに相手から返ってくるとはかぎらない。そういう場合はたとえ無関係の話であっても耳をかたむける。

質問に対して長々とくわしく返事をしてくれる場合は、相手もそれを楽しんでいると見てよい。だからじゅうぶんに話をしてもらう。どんなに焦っていても話の腰を折ったりせず、相手の言うことに関心を示し、思いの丈を語ってもらう。

あなたの話に興味がありますという気持ちをあらわすには、感想を述べる、状況に応じて共感をあらわすといった方法がある。わたしも同じような経験をしました、とエピソードを披露したり、お返しとしてこちらから情報提供したりするのもよいだろう。

どうしても情報がほしいという思いから、強引な態度に出てしまうことがある。

矢継ぎ早に質問をぶつけるというのもそのひとつだ。相手からみれば、人の気持ちを無視した自分勝手な態度に映るだろう。いいから質問にだけこたえろ、よけいなことは言うなという調子では、欲求を満たすための道具扱いされたと思われてもしかたない。

質問とは、相手に対する要求である。情報を出せという矢継ぎ早の質問は相手に不快感をもたれやすい。とりわけなんの見返りもないとなれば、なおさらである。つぎからつぎへと繰り出される質問はいらだたしく、うっとうしいものとなる。たかってくるハエを払うように、相手は要求をかわそうと懸命になる。

一例として、つぎにトムとビルの会話をあげてみよう。パーティー会場で紹介されたものどうしである。話をするうちにトムはビルに関心を抱き、好奇心のおもむくまま単刀直入に質問をしている。

トム「どんなお仕事をなさっているんですか？」

ビル「弁護士です」

トム「ご専門は？」
ビル「とくに決まっていません。大半は民事ですがね。そちらが得意ですから。でも刑事事件も扱いますよ。離婚裁判、信託と不動産に関する訴訟などを」
トム「事務所はどちらですか？」
ビル「五番街の五〇〇番地です。グランドセントラル駅のすぐそばですよ」
トム「お住まいは？」
ビル「ホワイトプレーンズです。三年前に郊外に引っ越したんですよ。おかげで妻と子どもたちは大満足です。通勤はたいへんですが、まあしかたないですね。読書の時間がたっぷりとれます」
トム「通勤にはどのくらいかかりますか？」
ビル「ドア・ツー・ドアで一時間と一〇分くらいですね。以前はたったの二五分でしたが」
トム「お子さんは何人いらっしゃるんですか？」
ビル「ふたり。男の子と女の子です」
トム「おいくつですか？」

トムは情報を仕入れるのに夢中である。ビルの語調がとげとげしくなっているのには、恐らく気づいていない。トムの態度は見るからに不快感を誘う。対するビルは、首尾よくこの質疑応答ゲームから脱出しようとしている。

トムは完全に状況が見えなくなっている。ただただ情報を仕入れたいと思うあまり、ビルの気持ちを無視している。まるで取り調べの対象だ。自分の意思や欲求に夢中で相手をまったく尊重していない。

どこに問題があるのだろうか。

トムは一方的に質問を発するだけで、相手と会話をつくりあげようという気持ちがない。自分の意見を述べたり、感情を伝えたり、ビルの言葉に反応を返したりすることがまったくない。自分から情報を提供する気配もない。

トムはビルを生身の人間として扱っていない。ものを調べているのと同じだ。対象に疑問を抱き、持ちあげて重さを確かめ、さわって質感を確かめ、しげしげと外見を眺め、それ以外にもあらゆる方法で調べ、こたえをさぐる。自分の意見や気持ちを表現することもなければ、情報を共有することもない。

ビルの立場に立ってみよう。気持ちを封じられ、もの扱いされ、おまけにトムのことはなにひとつ教えてもらえない。自分から話題を出すことも許されない。自分はなにをどう考えている人間なのか、なにひとつ伝えられない。質問にこたえるのに忙しいだけ。

反撃に出るという手もある。トムを質問攻めにし、会話の主導権争いをすることもできる。だがビルはトムとの会話からさっさと降りるほうを選ぶ。

これはあくまでも極端なケースである。しかしうっかりすると、誰でもトムのようなアプローチをしてしまう可能性はある。

程度の差はあっても相手をもの扱いし、トムと同じ失敗をするのである。

トムはどうすべきだったのか。まず、ビルの人格を無視したことが失敗だった。相手は生身の人間で、トムからの反応を期待しているということを忘れていた。トムが自分についての情報を提供すればビルは満足したはずだ。それは、あなたを信頼します、だからわたしの個人情報を提供します、というサインだからである。ビルはトムに情報を提供した。トムはそれに対し、感謝の気持ちを示すべきだった。

ではトムがビルの人格を尊重していれば会話はどのように進展しただろうか。トムのアプローチのしかたがちがっていれば、ビルはよろこんで情報を与え、さらに質問を促していたかもしれない。人から情報を得るには、こうしたやりとりが基本となる。

トム「どんな仕事をなさっていますか？」

ビル「弁護士をしております」

トム「おや、パーティーで弁護士さんにお会いできるとは運がいい。弁護士さんからは興味深いお話がたくさんうかがえますからね。ご専門は刑事事件ですか、それとも民事ですか？」

（ここでトムはビルにリップサービスをしてから、さらに情報収集につとめる）

ビル「大部分は民事ですが、それ以外もすこしはやります。刑事事件、離婚訴訟、信託、不動産に関する訴訟などですね。大物ならともかく、選り好みはできませんからね。お金を浪費するからいけないのかもしれませんが」

トム「耳が痛いですね。消費を煽る仕事をしている身には。じつはわたしは広告業界で仕事をしています。スポンサーの担当をしています。自分でも広告に踊らされて銀行口座の残高を減らしているんですから、始末に負えません。わたしは郊外から通勤しているのですが、ひょっとして同じ身の上ですか？」

（トムは自分の仕事について明かし、ビルの好奇心を刺激しようとしている。さらに郊外暮らしであることを打ち明け、あなたもそうではないですかと問いかけている。住んでいる場所について話題をふるとき、トムはまず自分から情報を提供している。このように相手と情報を共有したいという姿勢を見せれば、ビルも応じやすくなる）

ビル「ええ、ホワイトプレーンズで芝生を侵略する雑草とのたたかいに明け暮れていますよ。悪夢ではかならず通勤列車にうなされます。でも妻と子どもたちは郊外での暮らしを満喫していますから、満足していますよ。ま、あまり幸せを吹聴するのは長距離通勤者の風上にも置けませんから、少々愚痴っておきましょう」

ビルはあきらかにこの会話を楽しんでいる。ユーモラスなコメントからもそれがわかる。トムは自分の情報をすすんでビルに提供した。これはつまり、**あなたを信頼します、だからわたしのことを教えましょう**、ということだ。

またビルの発言に一つひとつきちんと反応している。あなたを尊重しています、あなたの発言を高く評価していますという意思表示だ。

これを受けてビルはさらに開放的になる。気持ちよく自分の思いをあらわし、快く相手に情報を与える。トムは積極的に自分の気持ちをビルに伝え、情報を提供し、相手の言葉にコメントを返している。ビルは反発を抱くことなく、両者のあいだに風通しのよいコミュニケーションが成立している。

こたえやすい質問からはじめる

相手からなにかを聞き出したい場合、最初に相手がこたえやすい質問をする。すると相手はリラックスする。**迷わずにこたえられるというのは、誰にとっても快適なことである。**ごくかんたんな質問をすれば、相手は自信をもって回答できる。これがスムーズに会話をはじめるコツだ。

知らない人といきなり打ち解けて話すことはむずかしい。慎重に言葉を選び、相手はどんな人物なのか、なにを知りたがっているのか、と警戒するのは自然なことだ。うかつに話に乗るまい、よけいなことはしゃべるまいとつい身構えてしまうのである。

この人は話しやすい人なのか、それとも話しにくい人なのか、と考えているところにどんな言葉を投げかけるかはたいせつである。それでこちらの印象が決まってしまう。こたえにくい質問をされれば、回答を避けようとするだろう。さらに迫れば、相手はますます逃げるだろう。これでは悪循環だ。

それよりも、かんたんな質問からはじめる。すると相手の緊張はやわらぐ。やっかいな相手ではないと印象づけることができる。相手が自信をもってこたえてくれれば、さらにもうひとつ、こたえやすい質問をする。相手はすっかりリラックスし返事がすらすらと出てくる。会話が順調に流れ出し、ごく自然に言葉のキャッチボールをはじめることができる。

たとえば弁護士が証人に質問する場合、いきなり核心部分をたずねるのではなく、事件は何時に起きたのか、そのとき証人はどこにいたのかなど、こたえやすい質問から入るべきだろう。

同様に会社の採用試験の面接では、面接官は「お住まいは?」「ご結婚は?」などのシンプルな質問からはじめればよい。その後で、「これまでの職務経験について聞かせていただけますか?」「なぜ当社を希望するのですか?」といった踏み込んだ質問に移る。

不動産の営業マンはお客さまと話す場合、しょっぱなから「どんな家をおさがしですか」とたずねるよりも、いま住んでいる家、職場までの通勤時間など相手がこたえやすい質問から入るとよい。

まずは会話のウォーミングアップからはじめる。そうすれば、相手は違和感なく会話に乗ってくるだろう。

質問を組み立てる

さて相手をぶじに会話に乗せることができた。つぎは、情報を手に入れるために質問しなくてはならない。どうすればお目当ての情報が得られるだろうか？

質問には〝具体的な質問〟と〝抽象的な質問〟がある。どちらの質問をするかで相手の返事は大きく変わってくる。

具体的な質問とは、特定の事実をたずねるものである。回答の範囲はかなり絞られる。何時ですかと質問すれば、返事は時刻に限定される。イチゴは好きですかとたずねれば、予想される回答は好きか嫌いかのどちらかである。それ以外のことをこたえるのは自由だが、質問はそこまでは要求していない。

このように具体的な質問とは、回答の範囲がひじょうに限定されている質問である。範囲を設定するのは質問者であり、回答する側はほとんどなにも考えなくてもよい。事実をひとつだけ指摘すればよいのである。

いっぽう抽象的な質問とは、単純な問いかけである。ある種の刺激といってもよい。相手になにかを話してもらうための刺激だ。話がどこへ転がってゆくのか、質問者はある程度なりゆきにまかせている。この場合は、質問よりも回答のほうが複雑になる。

抽象的な質問の例をふたつあげてみよう。

あなたはなぜこの仕事に就きたいのですか?

あなたはこの状態をどのように改善できると考えていますか?

むろん具体的な質問と抽象的な質問のあいだには無数のレベルがあり、必要に応じて使い分ければよい。たとえば一連の質問をする場合、やや抽象的な質問からはじめ、しだいにより具体的な質問に移るという方法がある。

あなたははたらくということをどう考えていますか? ご自分の仕事について、どう思っていますか? あなたの上司についてどう感じていますか? いまの仕事は好きですか?

最初の三つの質問はどちらかというと抽象的である。しかし一問めから二問め、三問めと段階を追ってすこしずつ具体的になっている。話題を徐々に絞り、最後は回答者がイエスかノーかでこたえる具体的な質問でしめくくっている。

具体的な質問にはこたえやすい。こたえる側は思考を組み立てる必要がない。思考を組み立てるのはもっぱら質問者の側だ。**だから会話をスムーズにはじめるには具体的な質問からはじめるのがベストだ。**相手は会話に乗りやすい。

いったん相手を会話に巻き込んだら、抽象的な質問へと移る。相手から返事が返ってきたら、それを手がかりにふたたび具体的な質問をする。

また、具体的な質問と抽象的な質問を使えば、相手から正確な情報を得ることができる。つぎの例を見てみよう。医師が患者の診察をはじめたところである。

医師「どうしました？」

患者「ここ数日おなかが痛いんです。だから診ていただこうと思いまして」

医師「どんなふうに痛みますか？」

(医師は抽象的な質問を重ねて患者からおおまかな情報を得ようとしている。いきなり、熱はありましたか？　吐き気がありましたか？　などと具体的な質問をするよりも効果的である)

患者「きりきり刺すような鋭い痛みです。とくに食後に痛みます」

医師「なにか食べ物が原因で起きているとは考えられませんか？」

(医師は具体的な質問に移り、くわしい情報を収集しようとする。その情報をもとにとりあえず診断をくだし、検査でそれを確認する)

医師が最初から具体的な質問をしていたらどうだろう。患者からじゅうぶん情報を得られないまま、見当ちがいの方向に進んでいたかもしれない。具体的な質問では返ってくる返事の情報量が少ないので、試行錯誤、一か八かという方式での情報収集となる。その結果、たいした根拠もなく性急な判断をくだしてしまったり、断片的な情報しか得られなかったりする。

ここでもうひとつ例をあげてみよう。企業の採用面接の場面である。面接官は具体的な質問と抽象的な質問を利用して応募者のことを知ろうとしている。

面接官「営業の仕事を希望される理由を教えてください」

（抽象的な質問）

応募者「人と接することが好きで、説明して納得してもらうことにやりがいを感じます」

面接官「なるほど、営業にはだいじなことですね。しかし営業にはほかにもまだたいせつなことがたくさんあります」

（形としては質問ではないが、ここで言葉を切れば応募者への問いかけとなる。これは具体的な質問ではなく、販売の仕事につきたいと思った動機をもっと話してもらうための刺激である）

応募者「そうですね、積極的であることもたいせつですし、移動や出張をこなすことも必要だと承知しています。わたしにむいていると思います。外回りも移動も苦にならないほうですから。それに企業で出世を望むなら、やはり営業で活躍することが近道ではないかと思います」

面接官「つまり営業の仕事は管理職への足がかりだと」

（これも質問の形式はとっていないが、面接官が相手からの返答を待っているので、質問と同じである。これは具体的な質問である。応募者の選択肢はかぎられている。はたして応募者がどれほど営業の仕事に熱意を抱いているのかを面接官は知りたがっている。営業の仕事にほんとうに興味があるのか、それとも管理職になるための近道と考えているのかを確認しようとしている）

抽象的な質問には、つぎのような利点がある。

・相手の意見をおおまかにつかむことができる。
・相手の考えの意外な側面を知ることができる。
・イエスかノーでこたえる質問ではカバーしきれない相手の思いを知ることができる。
・相手をもっと活発に会話に参加させることができる。

いっぽう具体的な質問の利点としては次のようなものがある。

・相手の立場を明確にする。
・両者の考えを比較検討しコンセプトにずれがないことを確認する。
・ある特定の事実を確認する。

情報を引き出すためのテクニック

情報を効果的に引き出すには、抽象的な質問をうまく使いこなせばよい。抽象的な質問をされると、相手は問われたことについて話さなくてはならない。事実を提示するだけでは足りない。思考を組み立てなくてはならないので、能動的に考える必要がある。いったん能動的にうごき出すと、つぎつぎに考えが浮かび、発展し、ときには本人も予想しないところまで話が展開する。

つまり最初は話すのを億劫がっていても、いったん話しはじめると今度はブレーキをかけるのが億劫になってしまうのだ。

真実をまったく話せないことよりもつらいのは、真実を半分しか話せないことである。

これは多くの人に共通している。誘われて全体像の一部分だけを話すチャンスを与えられると、一部だけではすまなくなる。中途半端なままでは誤解されてしまうと思うのだろうか。乗りかかった船、とばかりに、すべてを話してしまいたくなる。

質問が抽象的であればあるほど、手に入る情報は多くなるだろう。抽象的な質問をたくさん投げかければ、自然と相手がしゃべる割合が高くなる。相手から情報を引き出すという目標は達成しやすい。相手がたくさん話せば話すだけ、こちらは情報を手に入れることができるので効率がよい。

抽象的な質問をするための四つのコツ

抽象的な質問をするコツを紹介しよう。

1 イエスかノーかではこたえられない質問をする

説明をしなければ回答にならない質問をする。事実をあげるだけ、あるいはイエス・ノーをこたえるのではなく、相手がくわしく考えを述べなくてはならない質問をする。

抽象的な質問の例をあげてみよう。

この政策についてどう思いますか？ 改革をおこなうことについてどう感じていますか？

なにが起きたのですか？　なぜ彼は断ったのでしょうか？

このように抽象的な質問は、〝なぜ〟あるいは〝どのように〟をたずねたり、なにかの説明を求めたりするタイプが一般的である。

〝いつ〟〝どこで〟をたずねる質問は具体的な質問の部類に入る。いくつかの選択肢のなかから相手にこたえを選ばせるのも具体的な質問である。

これが好きですか、という質問に対し相手はイエスかノーかを選ぶだろう。この三つのうちどれがいちばん好きですか？　とたずねれば三つの選択肢のなかからひとつを選んでくださいという意味だ。

2　「どう思いますか？」「どうやって？」という問いかけの言葉をつける

会話に「……についてどう思いますか？」「どうやって……ですか？」という言葉をつければ抽象的な質問になる。

「交通機関についてはどうお考えですか？」「宿泊施設はどうなっていますか？」とたずねれば、交通機関や宿泊施設についてそれぞれ適切な説明をしてくださいという要求だ。

3　キーワードを復唱して相手に返す

抽象的な質問をするための三番めのコツは、相手の返事のなかにキーワードを見つけてそれをすぐに返すことである。

たとえば、これまでの仕事についての感想をたずねたとしよう。すると、とても気に入っていたが上司とトラブルがあったということたえが返ってきたとする。

相手からもっと情報を引き出すには、「上司とトラブルですか？」と聞く。相手の言葉を復唱するだけだ。これは、その件についてもっと知りたいというサインになる。

もしも「製品の質はよかったのですが、経費がかかり過ぎました」と相手がこたえたら、こう返してみる。

「経費がかかり過ぎる？」

これでさらに情報が引き出せるはずだ。

4　要約して返す

相手から情報を引き出すための四番めのコツは、具体的な質問と抽象的な質問の中間あたりにある。相手が話した内容を自分なりに要約して投げ返すのである。

相手に異議がなければイエスという意味の返事だけが返ってくる。つまり具体的な質問に対するこたえだ。

もしも異議があればその理由について説明し、あらためて真意を語るだろう。つまり、抽象的な質問に対するこたえだ。

このほかには、要約したものに相手が新しい情報を追加する、というケースが多い。

たとえば、トムとジョーが話し合いをしている。トムがジョーにある提案をしているが、コストがかかり過ぎるという理由でジョーは応じようとしない。トムはジョーの言葉を自分なりに要約して返す。


「ジョー、きみの意見を整理させてくれ。きみは僕のアイデアを気に入っているし、実行する気もある。しかし費用がかかり過ぎるから実行するのは無理だと考えている。そうだね？」


ジョーの返事は三通り考えられる。

第一に、「そうだ、そのとおりなんだ」。

第二に「そうだね、大きな理由としてはそんなところだ」。第二の場合、もっとほかに理由があるから察してくれという意思表示である。トムはつぎの質問を繰り出す手がかりを得たのだから、要約した甲斐はあったわけだ。

第三は「そのとおりだ。それに、ここではたらいている人たちがきみのアイデアを好意的に受け止めるとはかぎらない。僕はこの先も彼らとともにやっていかなくてはならない」という返事である。

第三の場合には、トムの要約がきっかけとなってジョーが乗り気になれない理由が新しく出てくる。

本章の内容をここでもう一度復習するために、ふたりの部長の話し合いを見てみよう。

ジム「フランク、いま空席になっているスーパーバイザーの人事について相談に乗ってくれないか。僕はボブ・ブラウンが適任だと思っている。彼にその気はあるだろうか、どう思う？」

（ジムは最初に会話の目的をあきらかにし、こたえやすい質問からはじめている）

フランク「ああ、彼なら引き受けるだろう。上をめざしてがんばっているからね」

ジム「うまく仕事をこなせるだろうか？」

（ジムは抽象的な質問をする。相手にくわしい説明を求めている）

フランク「そうだな、たぶんうまくやれると思うよ。彼は頭がいいし、積極的だからね。きちんと仕事をこなすだろう。ただ、部下とうまく人間関係を築けるかどうかに関しては、僕にはなんとも言えないね」

ジム「人間関係？」

（ジムはキーワードを復唱して返している。相手がさらに情報を提供してくれることを

期待している）

フランク「うん、ボブにはちょっと自己中心的なところがあるからね。いつも自分が正しくなくては承知しない。相手の立場をじゅうぶんに察しないところがある」

ジム「いいことを教えてもらったよ。部下のいいぶんに耳をかたむけ彼らの問題を理解するのはリーダーにはとてもたいせつなことだ。いまの同僚からの評価はどうなのかな？」

（ここでまずジムはフランクの返答にコメントし、詰問ととられないように気を配っている。それから抽象的な質問をしている。「いまの同僚からは好かれているのかな？」と具体的な質問をすればイエスかノーかのこたえしか返ってこない。それよりも抽象的な質問を投げかけたほうがより多くの情報を期待できる）

フランク「有能で切れ者だと思われている。だが彼は同僚とのあいだによけいな摩擦を起こすからね。スーパーバイザーに適任だとは思われていないだろう」

ジム「では結論としては、彼を抜擢するべきではないと思うかい？」

（ジムはフランクの気持ちを要約して投げ返す。相手はイエス・ノーでこたえるか、それともっとくわしく意見を述べるかのどちらかだろう）

フランク「いや、そう言っているわけではない。彼はよくはたらくし、スーパーバイザーを務めるにふさわしい頭脳の持ち主だ。あれほど有能な人材はめったにいない。もうすこし検討してみたらどうだろう。人の気持ちを察することのたいせつさを自覚してもらうために、こちらからはたらきかけてみたらどうだろう。彼の能力を生かさない手はない。彼に合った研修を受けさせれば、スーパーバイザーにふさわしい人材に成長するだろう」

ジム「とても参考になったよ。ぜひやってみることにしよう。助かったよ、ありがとう、フランク」

こうしたコツをうまく使いこなすには、とにかく実践してみることだ。会話に実際に取り入れる習慣をつける。

最初からうまくはいかないかもしれないが、つづけるうちにスムーズに使いこなせるようになる。会話が弾み、より実りあるものとなるにちがいない。

第4章 人の感情にどうむきあうか

わたしたちは感情に突きうごかされて自己表現をする

人はなにかを強く感じると、それをどうにかしたいと思い、行動を起こす。怒り、怖れ、よろこび、罪悪感、恥、羨望——どれも身のまわりや体内で起きる変化に対し、わたしたちが抱く感情だ。強い感情をおぼえるとからだに緊張が走る。たいていの場合、わたしたちはそれを不快に感じ、その感覚から逃れようとして行動を起こす。行動することで緊張のない安全で安心な状態をつくりだす、つまり自分にとって快適な環境をつくるのである。

たとえば怖れを感じると不快な緊張が走る。どうにかしてそれを取り除きたい。緊張を消すには自分を脅かす危険なものを遠ざければよいと理解する。こうして怖れという感情は人に不快な緊張を味わわせ、危機を回避するための行動をとらせる。怖れを感じるからサバイバルできるというわけだ。

同様に、わたしたちは怒りをおぼえたときにも不快な緊張を経験する。行く手をさえぎる障害物が出現すると、不快な緊張が走る。それを解消するために障害物を破壊し、ゴールをめざす。ゴールに到達できなければ傷つくかもしれない。命を落とすかもしれない。だから行動する。つまり怒りが原動力となって、結果的にほしいものを勝ち取るのである。

ではよろこびという感情はどうか。これもやはりわたしたちを表現という行動に駆り立てる。よろこびを発散できないとき、人は不快感を経験する。うれしいときには叫んだり歌ったり飛び跳ねたりしたい、せめて口に出してしゃべってしまいたいと思うものなのだ。

このように人は強くなにかを感じると緊張をおぼえ、緊張を取り除くために行動を起こす。手っ取り早いのは、話すことである。感情にかられて後先かまわず直接行動に出るのは、現代人にとってふさわしい行為とはいえない。

こう考えると、会話とは単なる意見の交換ではない。**会話とは、感情を発散するための最強の手段であるとわきまえておくべきである**。つまり会話の際にはこうした感情にうまく対処してゆく必要がある。そのために、感情が会話にどのように影響するのかを見てみよう。

感情は個人の内面のうごきを反映する

人はどんな状況でどんな感情を抱くのだろうか。残念ながらそれは予想がつかない。

これだけの条件がそろっていればまちがいなく怒るはずだ、周囲の思惑どおりよろこぶはずだ、あるいは不安になるだろう、罪悪感を抱くだろう、などと決めつけることはできない。おなじ状態に置かれても、猛烈に腹を立てる人がいるかと思えば、冷静沈着に受け止める人がいる。誰かが不安でたまらないという状況で心地よさを味わう人がいる。さらに同一人物でも、つねに同じ反応を示すとはかぎらない。

なぜこうもちがうのか。感情を引き起こす要因には、外部的なものと内部的なものがあるからだ。内的要因は一人ひとり異なり、同一人物でもつねに一定ではない。たとえば空腹の人は満腹の人にくらべ、ごく些細なことにいらだち、かっとなる。同じ状況に置かれても内的な要因にちがいがあれば、ちがう感情をおぼえるという一例である。

人がどんな感情を抱くのかを予想するのはむずかしい。親しくない相手であれば、見当のつけようがない。いや、見当のつけようがないというのはオーバーかもしれない。人がどんなときにどんな感情をおぼえるのかというおおまかな原則はある。

ただし相手の内的要因と外的要因をつかんでいることが前提だ。つきあいのない相手の内的要因など、ふつうは知る由もない。したがって**相手の感情を予想するのは不可能にちかい。**

人の内部でどのように感情が形成されるのか、怒りを例にとって考えてみよう。

フランクは決断に迷い、ビルに相談する。ビルはアドバイスをしてくれるが、フランクには納得のゆかない内容である。なぜビルはこんなことを言うのだろうか、自分の気持をわかってくれていないのではないか、とフランクは思う。納得できるアドバイスを返してくれないビルに対し怒りが生まれる。その怒りを正当化するために、フランクはビルを悪者にする。真剣に取り合ってくれない彼が悪い、自己中心的な彼が悪い、と。

だがフランクがいちばん腹を立てている相手は自分自身である。決断できず、ビルに頼らなくてはならない自分に怒っているのである。しかしそれは正面から受け止めるにはあまりにも不快な感情である。そこで人に頼らなければならないほど判断力がない自分にではなく、ビルに怒りの矛先をむけた。

ある人物が怒るかどうか、理屈では判断できない。これだけ条件がそろえば自分なら絶対に怒ると第三者が考えても、その予測が当たるとはかぎらない。逆にどう考えても怒るはずがないという場面で立腹する人はいる。こればかりは理屈では説明がつかない。客観的に見て怒る理由がなくても、人は怒る。怒りばかりでない。怖れ、罪悪感、よろこびといった感情に関してもまったく同じことが言える。人の内面をのぞき見ることはできない

――できなくて当然である――のだから、ここではこう反応するはず、などと人の感情を予測することはできないのである。

それよりも、**まずは自分の内面のうごきをとらえてみよう。**

頭のなかをどんな思いが占めているのかを観察するのだ。継続的な思いや突発的に生じる思いがあり、それに応じてさまざまな感情が生じているはずだ。

こうした感情は、かならずしも現実世界とは連動していない。

頭のなかでは英雄として大活躍するのも自由、自分をひどい目にあわせた相手に復讐を企てるのも自由である。日頃こわいと思っている相手に虐待されるところを想像することもあるかもしれない。その大部分は、想像のままで終わるはずだ。

つまらないことが頭にこびりついて、わけもなく気に病んでしまう、という経験はないだろうか。ふだんなら気にも留めないようなことが神経にさわり猛烈に腹が立つ、なにげないことでぱっと明るい気持ちになる、そんなおぼえはないだろうか。

一見、わけもなく心配になったり怒りを感じたりする場合でも、かならず正当な理由がある。

〝感情はつねに真の原因に釣り合っている〟のである。腹を立てたり気に病んだりする土壌がすでにあり、それが取るに足らないことをきっかけに表面化したのである。

こんな例を見てみよう。ディックとポールは同僚どうし、ほぼ同程度の役職についている。彼らの役職よりも高いポストが空いた。ふたりともその職に適任だ。やる気もある。おたがいに自分こそはとひそかに考えている。

　ディックは上司との会話でポールに不利な発言をしてしまったことに気づいた。とんでもないことをしてしまった、これでは友人であるポールの足をひっぱってしまう、とディックはひどく気に病む。じっさいにディックの発言がポールに不利に働いたかどうかは定かではない。ほんとうにポールの評価が下がったのかどうか、誰にも断言はできない。しかしディックは心配でいても立ってもいられない。

　ディックが必要以上に心配するのはなぜか。

　それは彼が知らず知らずのうちにポールの不幸を願っているからである。ポールの身になにか悪いことが起きて出世競争からはずれてほしいという思いがあるからだ。

　この無意識の願望がディックの不安の原因だ。自分がその願望に忠実に行動しポールを傷つけてしまうのではないかと不安なのである。しかしディック本人はほんとうの原因には気づいていない。ただただ不安に襲われるだけだ。

　ライバルを陥れたいという願望をディックは無意識のうちに封じている。しかし強い不安を封じることはできない。不安の強さはディックの発言の重さではなく、ポールを陥れたいという願望の強さに釣り合っている。それを自覚していないディックは〝不安の原因は上司との会話にある〟と考える。

ディック本人も腑に落ちないはずだ。なぜ自分はたったあれだけのことをこんなに気に病むのだろう、と。しかしいくら考えても、おそらく不安の正体はつきとめられないだろう。

感情のすり替え

わたしたちは感情を巧みにすり替える。合理的な説明がつかないのはそのためだ。本章では、アドバイスをしてくれた相手に不快感を感じる例を紹介した。この場合は、能力の足りない自分への怒りが不快感にすり替わっている。ほんとうは相手に依存している自分が許せないのに、怒りの対象をすり替えているのである。もうひとつの例では、ディックは不安の原因は自分の発言だと思い、ポールを陥れたいという願望には無意識のうちに目をつむっている。

感情のすり替えとは、つまり**感情の隠蔽**である。マジシャンは右手で観客の目をそらして左手のうごきを悟られまいとする。あれと同じだ。

感情のすり替えというマジックに関していえば、わたしたちはマジシャンであると同時に観客である。知らないうちに自分の不快な部分に蓋をしている。もしも不快な部分が表面化しそうになれば、外部にべつの原因をでっちあげて感情をすり替えてしまう。

こうして自分自身の意識さえ欺き、感情のほんとうの原因はあくまでも闇のなかに置かれる。

好ましくない感情はなぜ論理で払拭できないのか

このように感情はすり替えられてしまうので、**不快な気持ちを理屈で解消することはむずかしい**。原因はよそにあるのだから、理屈に合わなくて当然なのである。

そんなことで怒るな、心配するなと言っても無駄だ。上司に失言をしてしまったと心配するディックに、だいじょうぶだ、たいした失言ではないと言っても彼の心配は消えないだろう。

心配の原因は失言ではないからだ。

同様の例をあげてみよう。ある男性をカヌーに誘ったところ、断られた。じつは彼は泳げない。だからカヌーが転覆して溺れてしまうのを怖れている。しかし彼は自分が泳げないことを知られたくない。そこでべつの理由をでっちあげる。転覆して風邪を引いてしまうかもしれないから、と。

こういう場合、水は冷たくないから風邪を引く心配はないと説得しても無駄だろう。カヌーに乗ることを怖がる理由はよそにあるのだから。

ディックの場合とひとつだけちがうのは、このケースでは当人が自分の不安の原因に気づいている点だ。だから厳密には、カヌーに乗りたがらない男は心底、風邪を引くことを怖れている、と想定しなくてはディックの場合と比較はできない。

第三者がいくら説得しても、怖れや怒りを解消することはできない。感情は理屈どおりにはいかない。それどころか理屈で迫るとかえって相手の感情を煽ることもある。理詰めで説得すると、追いつめられた相手の感情が逃げ場を失ってため込まれてゆく。

他人の不快な感情、しかも理屈に合わない感情を目の当たりにすると、わたしたちはなんとかして相手を説得したくなる。相手の矛盾を少し突けば、すぐに考えを正してくれるはずだと思ってしまう。

こういう場合、相手に自分の正しさを押しつけるのはいい気持ちだ。相手よりも数段利口になった気分を味わえる。

ただ、ひとつだけ問題がある。相手は頑としてこちらの説得を受けつけようとしない。**そもそも的はずれの説得なのだからしかたない**。相手の不快な感情の理由はまったくべつのところにあり、それをカモフラージュするために相手がさしだした理由にまんまとひっかかってしまったのだ。

暗闇、水、犬など、なにかをこわがる人に理屈を説いても無駄だ。経験者にはよくわかるだろう。それでも懲りずに説得しようとするのは、わたしたちが論理の力に絶大な信頼を寄せているからである。人間の反応をコントロールするには論理の力が有効だとすり込まれているのである。

だが、こと感情的な反応に関して論理は無力である。感情を払拭できるどころか、逆効果になるだろう。

人の感情にどう対処するか

それでは、どうしたらいいのだろうか？　感情への対処のしかたを三種類紹介しよう。

1　感情を表現させる

感情は緊張を呼ぶ。そして発散できる場をもとめる。だから相手がなんらかの感情にとらわれ緊張が高まっていると感じたら、まずは表現させる。第三者がなにを言っても無駄だろう。緊張が高まった状態では人の言葉を受け止めてじっくり考えることはできない。だいいち、耳に入らないだろう。**だからここはぐっと言葉を飲み込んで、相手に話をさせることに集中する。**

例をあげてみよう。上司が部下にみんなが敬遠する仕事を命じている。彼ならすぐに仕事に着手できるうえ、仕事に必要なノウハウを備えているからだ。

仕事を依頼された部下はこうこたえた。

「毎回こういう役目を押しつけられるのはうんざりです。誰もやりたがらない仕事がわたしにまわってくるのはどういうわけなのでしょうか？　わたしのことをなんだと思っているんですか？　黙って縁の下の力持ちをしていろとでも言いたいのですか？」

上司はこの種の敬遠される業務を部下に平等に割り当てている。だから彼だけに押しつけているわけではない。上司としてはそこをはっきりさせたいと思う。部下はとんだ思いちがいをしているのであって、仕事は平等に任されているとわかればきっと思い直すにちがいない。上司がそう考えたとしても無理はない。

だが上司の思惑とはうらはらに部下の怒りはかえって増すだろう。これまでの経緯から、部下は自分が上司から公平に扱われていないと感じている。そして自分だけが嫌な仕事を押しつけられていると思っている。もしも彼の判断が正しいなら――このケースでは不平等はなさそうだが――なぜいまになって腹を立てるのだろうか？　冷静に抗議することもできたはずなのに。

そう、できたはずである。しかしできない理由があった。彼のなかに怒りがあったからだ。妻に対して怒っていたのか、自分自身に腹を立てていたのか、それともまったくべつの理由で上司に怒りを感じていたのかもしれない。そんなところに仕事を命じられて、一気に怒りが吹き出した。**なんとか格好のつく理由が見つかったので、部下は内に抱えていた怒りを外に出したのである。**

このとき上司は部下を抑え込んではならない。彼のいいぶんをしっかり聞くべきだ。そのために、たとえばこのように質問をしてみる。

「わたしがきみを不公平に扱っていると思っているんだね。なぜそう思うのだろう？」すると、こんなふうに会話がつづくのではないか。

部下「みんなが敬遠する仕事はいつもわたしの担当になります。ときどきなら文句は言いません。でも、こうも度重なればうんざりです」

上司「ほかの人はこういう仕事をまかされていないと感じているんだね」

（上司は部下の気持ちをさらに引き出そうとする。と同時に部下の認識を確認しようとしている）

部下「ときどきは彼らにもまわっています。でも、いちばん貧乏くじを引かされているのはわたしだと思います」

上司「きみがそんなふうに感じていたとは気づかなかった」

（上司は部下が気持ちを出しやすいように気を配っている。部下のいいぶんに異議を唱えないことで、部下の発言を歓迎していると意思表示している。きみの気持ちを聞かせてほしい、そうすればいろいろなことがわかる、という態度である）

部下「不平を言うのは好きではありませんが、すこしいき過ぎだと思うのです。これまでのあなたのやりかたすべてを批判しているわけではありません。しかしこうして誰もやりたがらない仕事をわたしに押しつけるのは納得できません」

（さいしょに怒りを激しくぶちまけたので、部下はしだいに冷静さを取り戻している。状況を客観的にとらえることができるようになっている。すこし引いたところから見て、上司が本来はフェアであると認めている。かたくなだった部下の気持ちがほどけたところをみはからって、上司はようやく事実の説明に入る）

上司「めんどうな仕事をすべて押しつけられているときみが感じていたとしたら、腹を立てるのも無理はない。しかし今回にかぎれば、決して押しつけているわけではない。いまこの仕事ができるのはきみ以外いないんだ。これまでのことについては、もういちどよく検討してみよう」

（この先は上司が主導権をにぎって、これまでみんなが敬遠する仕事をこの部下にばかりやらせていたのかどうか、話し合いを進めてゆけばよい。そして一つひとつの件について具体的な検証に入る）

どのような感情でも同じだ。相手が感情をぶちまけたら、とりあえず理屈はひっこめて相手の感情に集中する。聞き役に徹する。

健康面が不安だ、失業するのではないかと心配だ、人からの評価が気になる、その他もろもろの悩みが出てくるだろう。そんなときにはひとまず説得はあきらめる。なにを言っても問題の核心に迫ることはできないと割り切る。**下手に理詰めで説得しようとして相手を聞き役の立場に追い込むのはまずい。**

それより、相手の話を聞く。どんなふうに悩んでいるのかを話してもらう。

たとえば、これから受けなくてはならない手術のことが心配だと相手が打ち明けたとする。それに対し、かんたんな手術だから心配いらない、などとあっさり言わない。それよりも、手術を受けようと決断した経緯を話してもらう。説明することで相手は不安を吐き出すことができる。

じゅうぶん話を聞いたところで、ようやくこちらの番だ。その手術に関する情報を提供すれば、すこしでも安心させることができるだろう。似たような経験をした人の例を出して、手術の前は不安がっていたが、じっさいの手術は思ったよりずっとかんたんだった、などと話すのもよいだろう。

失業するかもしれない、誰かに嫌われている、という不安を相手がうったえたら、頭ごなしに否定してはいけない。心配など無用だ、現にいまちゃんとはたらいているじゃないか、あの人があなたを嫌っているはずがない、などと言わない。

それより、なぜ失業するかもしれないと思うのか、なぜ嫌われていると思うのか、その理由をたずねてみる。

相手が上機嫌で子どもや孫の話をしたり、楽しかった経験を話してくれたりしたら、それについてもっとくわしく話してもらおう。こういう場合、ついこちらも自慢話をしたりしがちだが、くれぐれも相手の話の腰を折らないように気をつける。

聞き役に徹するのは楽ではないが、じゅうぶん時間をかけて相手の思いを受け止めるようにつとめれば、たがいの理解が深まり、充実した人間関係へとつながるだろう。

2　相手に自分自身の感情を自覚させる

さまざまな感情を味わうから人生は楽しいのであり、豊かにもなる。が、裏を返せばそれは気持ちが乱れている状態であり、スムーズなコミュニケーションにとっては厄介ものだ。

これまで述べてきたように、抱えている感情をこころゆくまで話すことがスムーズな意思疎通にむすびつく。ところが自分が抱えている感情を自覚していなければ打ち明けようがない。

自分でも知りたくない、まわりにも悟られたくない、無意識のうちにそう思っていると、感情は封じられておもてに出てこない。このような状態は人を秘密主義にさせる。相手になにを言ってもとりつく島がないという場合は、その人はひそかに怒りをため込んでいるのかもしれない。

こういうときには、相手が自分の感情を自覚するようにうまく誘導しなくてはならない。

これにはコツがある。

怒っているのか、心配しているんだね、などと言葉をかけてはいけない。相手はおそらく否定し、かえって態度を硬直させるだろう。

自分で自分の感情を認めたがらない相手にはダイレクトに指摘するのではなく、遠まわしの言いかたを選ぶ。ひょっとしたらこう思っているのではないか、とたずねてみる。あなたがそう思うのはよく理解できる、わかる。くわしく話してくれたら力になれるかもしれない、と言ってみる。つまり相手が話しやすい状況をつくり、相手が自分の感情を自覚するようにはたらきかける。

自分の感情を自覚できないままでいると、わたしたちは無意識のうちに自分の感情に支配されてしまう。怒りを自覚しないまま、その怒りをぶちまけてしまう。わけもなく心配になったり罪悪感を抱いたりしてしまう。

人間のすばらしい知性は高度なテクノロジーを生み出してきたが、そのいっぽうで人は知性を利用して自分の感情を巧みに隠蔽する術（すべ）を身につけた。

怒りという感情をストレートに表現すれば暴力的なふるまいや辛辣な言葉となる。あるいは姿を変えて、悪口、悪意に満ちた批判、からかい、非協力的な態度、議論をふっかける、といった形で出てくることもある。

不安という感情はストレートにも出てくるが、過度な用心深さ、特定の事柄について過剰に話しすぎる、秘密主義、ものおじ、忌避、といった形でもあらわれる。

罪悪感は自己批判、じっさいの悪事、想像上の悪意の告白、償いをあらわす行動などに姿を変える。

うれしいときに上機嫌になる、これはわかりやすい。楽しい経験について語るのもうれしさの表現だ。

ストレートに表現されない感情をどう扱えばよいのか、ひとつ例を紹介してみよう。営業マンと取引先との商談である。先方はあまり乗り気ではない。営業マンとの会話もいやいや、早いところ商談を切り上げたいという気持ちが透けて見える。

取引先の担当者の態度から判断して、どうやら怒りを抱え込んでいるらしい。営業マンは相手から情報を手に入れたい。しかし相手がそれに応じようとしない。おそらく相手には自分が怒っているという自覚がないのだろう。自覚があれば、さっさと交渉を打ち切るはずである。

この場合、営業マンは相手にはたらきかけて、抱えている感情――怒り――を自覚させるべきだ。ただし、あなたはいやいや話をしているようだが、それはなにかに怒りを感じているからでしょう、などと面とむかって言うわけにはいかない。あくまでもさりげなくはたらきかける。たとえばつぎのように話しかけてみる。

「ジョーンズさん、もしかしたらわたしに粗相があったのではないでしょうか。あるいはわが社になにか落ち度がありましたでしょうか？　商品についてははっきりおっしゃらないところを見ますと、ついそのように思ってしまうのですが。もしもお気にさわる点がありましたら、どうぞお聞かせください。できるだけの対処をさせていただきますので」

おそらく相手は自分の感情を点検してみるだろう。はたして自分は怒っているのだろうか、と自問するだろう。なぜ営業マンはこんなことを言いだすのだろうかと思うだろう。そして自分の怒りを自覚するかもしれない。営業マンに邪険な態度をとったのはこの怒りのせいだと気づくのだ。

ほんとうに取引先の担当者が営業マンあるいは営業マンの会社に怒りを抱いていたら、絶好の機会とみて営業マンに怒りをぶつけるだろう。営業マンはそれにブレーキをかけずに受け止める。こうしてわだかまりが解消されれば相手は商談に前向きに取り組み、会話が弾むだろう。

もしも怒りの原因がよそにある場合はどうだろうか。相手は自分の怒りを自覚し、営業マンに八つ当たりしていたことに気づく。営業マンにはなんの落ち度もないことを認め、わだかまりのない態度で商談に臨む。

もちろん、そうはならない可能性もある。相手がいっこうに自分の感情を自覚しようとしないばかりか、かえってかたくなな態度をとったり敵意を示したりするかもしれない。が、どちらに転ぶかはわからない以上、まずは相手にはたらきかけてみてはどうだろう。

3 批判せず、相手の感情を受容する

自分の気持ちを言いあらわす、それも強く主張するとき、わたしたちはなぜか不安を感じることがある。この気持ちが暴走して歯止めがきかなくなってしまったらどうしよう、そんな不安に襲われるのだ。

自分の欲求を貫きたいという無意識のうちの衝動は決してめずらしいものではない。ほしいものをほしいときに手に入れたい、邪魔するものを破壊したいという衝動だ。赤ん坊にはすでにこの衝動があり、幼児は衝動のおもむくままに行動する。他人の事情などおかまいなしだ。やがて成長とともにわたしたちは周囲に適応し、妥協し、他人の状況を考慮し、すぐに手に入らなければ待つことを学んでゆく。衝動に翻弄されない自分、立ちはだ

かる現実と建設的に折り合いをつけられる自分に誇りさえ感じるようになる。

だがむき出しの衝動を完全に抑え込むことはむずかしい。自分が衝動のままにうごいてとんでもないことをしてしまうのではないか、という怖れをたいていの人は多かれ少なかれ抱えている。だから感情が高ぶると、わけもなく不安になる。このままでは自分はどうにかなってしまうのではないか、歯止めがきかなくなるのではないかという気持ちに襲われる。

こういう不安からひとときも逃れられない場合、感情を押し殺し、できるだけおもてに出すまいとする人、逆にわりとかんたんに感情をおもてに出し、後から撤回したり埋め合わせをしたりする人がいる。

いったん口に出してしまった感情を撤回する場面を例にあげてみよう。ある男性が洋服屋に腹を立てている。約束の期日にスーツが届かなかったものだから、男性は洋服屋への怒りを妻にぶつけている。

「まったくいいかげんな洋服屋だ。昨日届くはずだったスーツがまだ届いていないじゃないか。期日どおりに品物を届けるのは商売の基本だ。それもできないのだから、あきれるね。（間を置く）せっかくあのスーツをあてにしていたのに。（間）まあ、彼が悪いわけではないかもしれんな。仕事が立て込んでいるのかもしれないし、配送係の子がまた病気にでもなったのかもしれない」

男性はいきおいよく怒りを爆発させた。が、とたんに不安に襲われ、怒りの言葉を撤回しようとしている。そのために洋服屋がスーツを届けられない理由をあげている。激怒するほどのことでもないのに過剰に腹を立ててしまったので男性は不安をおぼえた。そこで適切な位置まで目盛りをもどしたというわけだ。

自分は理性的にふるまっていると思いたいとき、わたしたちは人と比較してこれは人並みの反応だと納得しようとする。たとえば、そんなささいなことでなぜくよくよするのかと人に言われれば、「きみだって同じようにくよくよするはずさ」あるいは「ほかの人なら、きっともっと心配すると思うよ」などとこたえる。

わたしたちは感情の暴走を怖れる。だから感情が高ぶると不安になる。なかでも怒りという感情は現在の社会ではひどく怖れられている。自分自身の怒りでも他人の怒りでも、とにかく怒りと名のつくものにはわたしたちは敏感だ。怒りはとんでもないことを引き起こすのではないか。そんな感覚が幼いころから染みついているようだ。怒りといえば暴力、というすり込みがあるらしい。

世の夫婦はたがいの怒りに敏感である。部下は上司の癇癪に、営業マンはお客さまのいらだちに神経をとがらせる。怒りの気配を感じただけでおののいてしまう。怒りを回避したい一心で相手の要求に応じたり、やりたいことをあきらめたりする。

これだけはおぼえておいてほしい。**怒りは決して危険なものではない**。わたしたちのからだにそなわったごく自然な反応に過ぎない。

どうしても望みがかなわない、誰かに傷つけられたといった場合にわたしたちは怒りを感じやすい。怒りは呼吸、唾液の分泌、排泄機能などと同じような自然の反応なのである。決して暴力に直結するわけではない。

怒りが暴力に結びつくのはごく例外的なケースと考えてよい。怒りをおぼえるたびに暴力沙汰を起こしていたら、人類などとうに滅んでいたはずだ。たいていの場合、わたしたちはできるだけ控えめに怒りをおもてに出そうとする。少々強く出てしまったとしても、ごく一時的なものに過ぎない。怒りはかならず収まる。そしてすみやかに元の状態にもどる。

相手の感情が高ぶっているときには、とりあえずそれを受容して相手を楽にしてやることだ。コメントしたり責めたりすべきではない。きみの態度はまちがっている、などと指摘するのも逆効果だ。そんなことは傍から言われなくても本人がいちばんわかっている。ただ、どうしても感情を抑えられないのだ。

抑えられなくてあたりまえ。**わたしたちにできるのは、感情とうまくつきあうことである**。胃液の分泌や血液の循環を制御できる人はいない。感情も同じである。気持ちが高ぶっていることを責められたら、ああ自分はコントロールを失っているとパニックになるだろう。コントロールできるはずなのになぜできないのかと苦しむだろう。

それよりも、相手が怒りや不安をあらわしたら、まずは理解を示す。あなたのその状態であれば無理もないことだと言葉をかける。が、だからといって相手のいいぶんにすべて賛同する必要はない。たいせつなのは、あなたが抱いている怒りも不安も自然な感情なのだ、なにも心配する必要はないと相手に伝えることだ。それは相手のいいぶんに同意することとはちがう。

ここで例をあげてみよう。ある会社の購買担当者が取引先の営業マンに腹を立てている。商品の到着が遅れたので抗議しているのだ。

「納期も満足に守れないようでは今後の取引は見直さなくてはなりませんね。あなたたちのせいで、こちらはたいへんな迷惑をこうむっているんだ。たるんでいるとしか思えない」

営業マンはまっさきに相手の怒りを受け止め、理解を示さなくてはならない。事情の説明はその後だ。

「スミスさん、お怒りはもっともです。わたしどもの配送が遅れて、たいへんなご迷惑をおかけしたことと思います。誠に申しわけありません」

とりあえずそう言ったうえで、配送がどれだけ遅れたのか、そのために具体的にどんなトラブルが起きたのか、いそいで商品を手当すればそのトラブルはなんとかなるのかといったことを、一つひとつ相手といっしょに確認してゆく。その過程をたどりながら相手の怒りをじゅうぶんに引き出す。

とことん怒りを吐き出してしまえば、担当者の気持ちも落ち着く。そのあたりで営業マンはつぎの段階に移る。過去の配送実績に自信があれば、配送の遅れが例外的なことで、たるんでいるという表現は適切ではないと説得できるだろう。ただし相手が冷静になるのを待ってから説得にかかる。怒りがおさまらないうちに理屈を持ち出せば、相手の怒りは出口を封じられエネルギーが鬱積してしまう。

自分の感情に目をむける習慣を身につけておこう。ありのままの感情を認め、受容するようにつとめよう。

自分の鼻や髪に善悪の判断を下さないのと同様に、感情もまるごと受け入れる。それが自分の行動をコントロールすることにつながる。

自分の感情を否定すれば、知らず知らずのうちに感情にコントロールされ、思わぬ行動をして後で悔やむことになる。

感情は素直に出すほうがよい。自分自身はもちろん、他人の感情もうまく引き出すようにする。感情が高ぶっている相手には、どんなふうに感じているのか、思い当たる原因はあるのかとたずねてみる。自分が平静ではないと感じたら、できるだけそれを言葉で言いあらわす。

感情を内側にためていると、それを引き起こした原因をおおげさに考えるようになる。夜の闇のなかで見るように実物よりも大きく不気味に感じてしまう。しかし感情を言葉にしておもてに出してしまえば、明るい光のなかで原因を実物大のままとらえることができる。感情を言葉で語れば緊張がやわらぐ。そしておおもとの原因に冷静に対処できる。

第5章 言葉に託されたメッセージを読む

明快なメッセージと潜在的なメッセージ

会話の一つひとつの文章には複数のメッセージがこめられている。じかに伝わる明快なメッセージはそのうちのたったひとつだけ。それ以外のメッセージは〝水面下で〟伝えられる。これを〝潜在的な〟メッセージと呼ぶことにする。

潜在的なメッセージは発言者の本音である。そのときに発言者がほんとうに望んでいることだ。

いま話している相手を理解したい、そのために好き嫌いを知りたい、いちばん望むものを提供して相手にとってだいじな人になりたい、相手にとって害になるものは本人の意思に反してでも近づけたくない、相手が関心を抱いていることを通じて影響を与えたい。そういう思いを実現するには相手の言葉の裏にあるものを読み、意図を汲み取らなくてはならない。

そのためには**つねに相手の真意を推し量る習慣をつける**。この人はどんな潜在的なメッセージを伝えようとしているのだろうか？　どのように感じているのだろうか？　なにをもとめているのだろうか？　会話をしながら、頭のなかではそんな自問自答をつづける。練習を重ねれば習慣として身につき、相手とじゅうぶんに気持ちを通い合わせることができるようになる。

よく晴れた暑い夏の日に公園のベンチにあなたがすわっているとしよう。同じベンチには見知らぬ男が腰掛けている。たがいに黙っている。

とつぜん、男が声をあげる。「いい天気ですね。空には雲ひとつない」

彼はいい天気であること、空には雲がないということを言葉で表現している。しかしそこには潜在的なメッセージがこめられている。

まずは、あなたと会話がしたいという意思。第二に、自分は礼儀をわきまえた人間ですよというメッセージ。見知らぬ相手になれなれしく話しかけるようなことは避け、紋切り型の文章で話の口火を切ったことでそれを示している。その気になればもっとくだけた調子で話しかけることもできたはずだ。「昼にとてもおいしいビーフシチューを食べましてね」、「わたしはフランク・ウィリアムズという者です。お名前をうかがってもいいですか？」などと。

男に対し、あなたはこうこたえたとする。「ええ、とてもいい天気ですね。こんなに暑くなるとわかっていたら、ジャケットなんか着てくるんじゃなかった」

このセリフの明快なメッセージは、わたしもいい天気だと思っている、こんなに暑いとは家を出るまでわからなかった、ジャケットを着てきたことを後悔している、である。潜在的なメッセージではさらに多くのことを伝えている。あなたと会話する意思があります、もっとくだけた会話も歓迎です。

これは、ジャケットを着たことを後悔しているというプライベートなことを話題にしているところから読み取れる。

それに対し相手からこんなふうに返ってきたと想像してみよう。「後悔する必要などないですよ。とてもすてきなジャケットじゃないですか」

明快なメッセージは、ジャケットを褒めている。潜在的なメッセージは、そのジャケットがすてきだとわたしが思っていることを〝あなたに知らせたい〟である。さらに、あなたに好感をもっている、会話をもっと継続させたい、少々暑いからといってそのジャケットを着ないなんてもったいないですよ、という気持ちが込められているものと考えられる。

まったく同じ言葉でも、文脈しだいで潜在的なメッセージはちがってくる。この会話では、「いい天気ですね」という言葉は会話の糸口であり、返事をもらうことを期待したものではない。もしもなんらかの質問のこたえとして同じ言葉を口にしたとすれば、潜在的なメッセージは変わってくる。

明快なメッセージは文脈とは関係なく、言葉の意味そのままである。いっぽう、潜在的なメッセージは文脈全体から判断しなくてはならない。

もうすこしくわしく説明してみよう。

でかけようとしたところに、ちょうど家族が帰宅した。外は雨が降っている、外出するなら長靴をはいたほうがよいと声をかけられる。この場合、相手が伝えようとしているのは、雨が降っているという事実だけではない。雨が降っていることを知らないだろうから教えてあげよう、足元が濡れないようにと心配している、言うことを聞きなさい、といったメッセージが込められている。

話のスピードや間のとりかたも潜在的なメッセージとなる。必要以上にくわしく話したり同じことをくりかえしたりすると、話が展開するスピードはゆっくりしたものになる。これはあなたに正しく内容が届いているのかどうかわたしは不安ですというメッセージである。ただ、皮肉なことにあまりにも念入りに説明すると逆の結果を招く。つまり、聞き手の注意力が散漫になる。何度も同じことを言っているだけ、と思うと聞き手は身を入れて聞こうとしなくなる。

間のとりかたにも言葉にならないメッセージが込められている。いま話題になっていることのこたえをいっぽうが思いついたとする。黙っていられず、相手がまだ話しているうちに口に出してしまう。言われたほうは、この人はいま自分が話した問題についてきちんと考えていない、真剣に受け取っていない、話し終わるのを待ちきれず力ずくで発言権を奪った、と思うだろう。

一般的な会話のスタイルは、いっぽうが意見を述べ、わずかな間を置いてから相手が意見を述べるというものだ。このわずかな間が会話のリズムには欠かせない。そのあいだに相手の意見を理解し、これから言うことの冒頭部分を組み立てる。

間が長いと、あなたの意見がうまく理解できませんというメッセージになる。

ではまったく間を置かなければどうだろうか。

これはあなたの言ったことについて考えていません、聞いていません、という意味にとられてしまう。

だから話をするときには、**かならず短い間をとってから自分の考えを述べること**。たとえなにをどう言うのかをすでに決めていたとしても、間を置くのが礼儀だ。それが、あなたの意見は考慮に値しますという無言のメッセージなのである。また、相手に話を聞いてもらうためのコツなのである。

面とむかっては言えない要求を伝える

人はつねに明快なメッセージと潜在的なメッセージを使い分けながらコミュニケーショ

ンをとっている。なぜ二種類、必要なのだろうか？　それは、この社会に生きる以上やむを得ない事情があるからだ。

社会の一員として暮らすには、法律、道徳、家庭や地域の習慣、エチケットなど社会のさまざまなルールに従うことを要求される。こうした人為的なルールはわたしたちの本性に一致しているわけではない。だからルールに従うには自分を曲げなくてはならない。

わたしたちは成長するにつれて妥協し、あきらめることをおぼえる。赤ん坊は平気で自分の欲求をとおそうとする。気がとがめるなどという感覚を知らないのだ。やがて成長とともにわたしたちはルールを学んでゆく。人を殺してはならない、傷つけてはならない、騙してはならない、盗みをしてはならない、嘘をついてはならない、無礼なふるまいをしてはならない、と。ルールを犯せば自分がどんな目にあうかも理解する。たとえ罰を与えられなくても良心の呵責を感じるようになるのだ。

こうしてわたしたちは人としての欲求を封じ込めてしまうのである。ときと場合に応じてやりたいことやほしいものを我慢し、怒りを抑え、恐怖を押し殺す。

抑え込まれたエネルギーは消えるわけではない。どこからか外に出よう、欲求を満たそうとしている。が、すっかり〝ルール〟に飼い慣らされた身には、こうしたむき出しの衝動は攻撃的で威嚇的なものに感じられる。

そこでやむなく潜在的なメッセージを送るという形をとるようになった。

ルールを侵害しないメッセージは明快に言葉で、ルールを侵害する怖れのあるメッセージは水面下に潜るようになったのである。

わたしたちは潜在的なメッセージを巧みに利用する。自分を持ち上げ、元気づけるために。人を侮辱したり拒絶したりするために。権威を壊したり、面とむかって要求できないことを要求したり、さりげなく相手に好意を伝えたりするために。また、素知らぬふりをして相手を褒めたり脅したりしてきっちりコントロールするために。

潜在的なメッセージの五種類の活用法

潜在的なメッセージはつぎのように利用できる。

1　自分をアピールする
2　人を攻撃する
3　要求を出す
4　人をコントロールする
5　愛情を表現する

一つひとつの項目について、くわしく見てゆこう。

1　自分をアピールする

自分に自信がもてないという人は驚くほど多い。だからこそ人は陰に陽にメッセージを発信する。〝わたしを見て〟〝賢いと褒めて〟〝ハンサムだ〟〝勇敢だ〟〝強い〟〝おもしろい〟〝男らしいと認めて〟と。わたしはこれだけの価値がある、これだけの知識があると誰かにアピールせずにはいられないのだ。

いかにも露骨なアピールもあれば、一見つつましやかにそれとなくアピールする場合もある。

いちばん多いのは、直接言葉にしないで自分の存在をアピールするやりかただ。人はよほどのことがなければ声高に自慢するような真似はしない。そんなことをすれば賞賛されるどころか周囲からの反感を買うだけ、とわかっているのである。

ここではひじょうに微妙な形での自慢について見てみよう。

認められて自信をつけたいという強い願望と、謙虚であらねばというプレッシャーのあいだに挟まれ、人はたいへん高度な自慢の技を磨いてきた。

たとえばつぎの例だ。ハリーと妻ジェーンの会話である。

ハリー「昨夜のあの話はみんなに受けたと思わないか。パーティーにはいくつか小話を用意しておいて、その場のメンツに合わせてぴったりの話を選ぶのがコツだな」

（ハリーは人を笑わせることができる自分、その場のメンバーに合った話題を選ぶことができる自分を自画自賛している）

ジェーン「あれは愉快な話だから、いつも笑いがとれるわね。でも、ディックの表情に気づいた？　グウェンと顔を見合わしていたでしょう？」

ハリー「ああ、あのふたり！　どうしようもない堅物だな。あれでよく子どもが生まれたものだ。感心してしまうよ。しょせん、万人受けする話なんてあり得ないわけだからね。彼らになんと思われようと気にしないさ。きみはどう思う？　彼ら、ほんとうに気を悪くしただろうか」

（ハリーは人の評価など気にしないといって器のおおきなところをアピールしている。同時にディックとグウェンの反応を妻に確かめて、気配りできるところを見せている）

ジェーン「絶対に気を悪くしていたと思う。昨夜招待してくださった奥様とつぎに会うときに、聞いてみるわね」

ハリー「どうしてああいう連中を呼んだのか、まったく気が知れないね。パーティーを成功させるには、招待客の人選がだいじだ。趣味がちがうと話が合わないからな。去年、きみのために僕が内緒で企画したパーティー、おぼえている？　大成功だっただろ。あれにはちゃんとわけがあるんだ。招待客を念入りに選んだのさ。ジグソーパズルのピースみたいにぴたっとくるメンバーをね」

(自分にはパーティーを企画する才能がある、人を見る目もあると自慢している)

ハリーはあからさまに自慢しているわけではない。「僕は話の名手だ」などとは言っていない。パーティーの企画能力がある、人を見る目がある、などと言葉に出して自慢してはいない。しかし自慢しているのはあきらかだ。

べつの例を見てみよう。ラリーはティムの同僚である。

ティム「それで、ボスにはなんて言ったんだい?」

ラリー「この仕事が重要だということは重々承知している、でもやるからには自分のやりかたでやるつもりだ、それが自分の責任だと考えていると宣言した。そこのところははっきりさせておきたかったんだ。後で面倒になると困るからね。相手が目上だからといって遠慮などしない。言うべきことは言うさ」

(自分はしゃんとしている、権威など怖れたりしないとアピールしている)

ティム「ボスの反応は?」

ラリー「まかせると言ってくれたよ。僕の仕事ぶりをかってくれているからね。もちろん、いざとなったらアドバイスをお願いしますと言っておいたよ。ボスの貴重な体験を参考にさせてくださいとね。こうやって、ボスの顔も立てておけば大丈夫さ」（ボスに見込まれていること、そしてうまく上の人間を立てる如才なさをアピールしている）

ラリーもやはりあからさまには自慢していない。自分の力を証明してくれる事実を並べているだけだ。

ある人が「わたしは賢い」と言えば、これはあきらかに自慢である。しかし「自分は難題を解決した」と言えば、間接的に自慢できる。問題を解決するだけの賢さがある、という結論は聞き手が出してくれる。

このように**わたしたちはさまざまなメッセージを間接的に伝える**。

危険な任務について語り、自分の勇敢さをアピールする。これまでの異性関係をとうとうと語って自分の性的能力や魅力をアピールする。身体能力の高さを見せたり語ったりして自分の体力や技術をアピールする。目新しいことを言って博識ぶりをアピールする。さりげなく有名人の名前を口にして人脈の広さをアピールする。

こうした自画自賛は〝認められたい〟という思いの裏返しである。自分は特別な資質を授かっている特別な存在であると思いたい、人から認められたい、そう思っているのだ。

相手からそういう潜在的なメッセージを受け取ったら、**言葉でしっかりと肯定してやればよい**。

そのとおりだ、あなたにはその才能があると同意する。相手はじゅうぶん満足し、こちらの言うことにじっくりと耳を傾けてくれる。ほんとうに相当な実力の持ち主であれば、これはもうオーバーなくらいに称えよう。

しかしこころからそう思えなければ、言う必要はない。相手から信頼してもらえなくなる。こころの奥底では当人がいちばんよくわかっているのだ。ただ、人は自分を過小評価しがちである。聡明さ、寛容さ、魅力、能力などを実際より低く見積もっているかもしれない。そういう場合、相手が暗黙のアピールをしてきたら、正当な能力を認めてやり相手の自己評価のアップに貢献しよう。

2　人を攻撃する

言葉は残忍な武器になる。よほど自分に自信があるならともかく、たいていは相手の言葉にひそむ鋭い刃で深い傷を負う。侮辱的なことを言われても批判的なコメントをされてもびくともしない、という人は多くないはずだ。

わたしたちは多かれ少なかれ、人からの評価を気にする。賞賛の言葉を浴びれば舞いあがり、侮辱や批判を受ければ、かっとなったり落ち込んだりする。

怒りにまかせてののしる、罵倒する、などあからさまな攻撃では、人はあんがい傷つかないものだ。興奮していればいるほど、言葉の重みはなくなる。頭に血がのぼった状態で相手が口にした言葉はこちらとしてもかんたんに受け流せる。

それよりもこわいのは冷静な言葉のほうだ。言葉に込められた痛烈な悪意がわたしたちを深く傷つける。言葉そのもの、つまり明快なメッセージはいかにも客観的な批判をよそおい、潜在的なメッセージでぐさりと刺す。一見、まともなコメントに聞こえるだけに始末が悪い。かっとなって反応すれば、傷がいよいよ深くなる。

このような間接的な攻撃は四種類に分けることができる。①人と比べて貶める、②軽視する（うわべだけの賞賛や辛辣な批判もここに入る）、③からかい（あてこすりや皮肉もここに入る）、④悪口。

①人と比べて貶める　たとえばあの人にはこんな能力があるがあなたにはそれが欠けているとけなせば、それは〝面とむかって〟比較をして貶めていることになる。だが、あなたにもこんな能力があればいいのに、あの人はほんとうに非の打ち所がない、としつこく言いつのるのは〝暗黙〟のうちにおこなわれる攻撃である。

ある夫婦の例をあげてみよう。夫の帰宅が遅れて夕食の時間にまにあわなかったので妻は腹を立てている。なぜ電話の一本もよこして遅くなることを知らせなかったのかと夫を責めている。

妻「どうして電話してくれなかったの？　夕食をつくってずっと待っていたのよ。わたし、心配したんだから。ほんとうにがっかりだわ」

夫「悪かった。帰る間際に急ぎの仕事ができたんだ。退社しようとしたら電話がかかってきてね。何通かレターを作成して出すはめになった。やっと食べられるぞ」

（妻の怒りは解けない）

妻「あなたにはそれでよくても、わたしはそういうわけにはいかない。せっかくごちそうをつくったのにすっぽかされるなんて。よそのお宅では帰りが遅くなるときにはちゃんと連絡が入るのよ。みんな思いやりがあるのよね」

妻はナイフを突き刺したばかりか、さらに力をこめて傷口を押し広げた。まず電話をしなかった夫の思慮のなさを責め、ぐさりと刺す。さらに思いやりがないと決めつけて傷を押し広げる。これは、夫への人格攻撃となる。夫は、自分には人を思いやる能力が欠如していると受け取るだろう。

似たような例をあげよう。部下がある業務に五日間をかけた。それに対し上司が「たしかジョーンはこの類の問題を三日で片づけた」と言えば、暗に部下を責めていることになる。

ある治療を受けた後で不調を訴えた患者に対し、医師が「ほかの患者さんからはこの治療について苦情は出ていませんがね」と言えば、患者の気持ちを傷つけるだろう。

母親が幼い娘に「まあどうしたの、その服。メアリーは一度も服に食べ物をこぼしたことがないってメアリーのお母さんが言ってたわよ」などと言うのを聞いたら、誰でもいい気持ちはしないはずだ。

人をうんと傷つけたいのなら、誰かと比べて貶めればよい。なぜならわたしたちはよくも悪くも人とのちがいを気にするからである。自分はまともだ、能力がある、価値がある人間だと実感するために、手っ取り早く人と比較して自信をつける。だからこそ比較をされて人とのちがいを指摘されると、一気に自己不信に陥る可能性がある。

仮に誰かがかっとなってあなたの人格をけなしたり、ほかの人物と比較して貶めたりするようなことがあれば、そうしなくてはいられないほどの怒りをため込んでいたということだ。それを表現する手段として言葉という武器を使っているのだ。あなたがそれでどれほど傷つくか、などということは百も承知の上、ただただ、弱点を突きたいのである。それにびくともせず、自分はまともである、人間として価値がある、相手にすこしもひけをとらない、と自尊心を保ち平然としていられる人は、そうざらにはいない。

攻撃の対象にされてしまったときのために、アドバイスを贈ろう。

相手の怒りの原因はかならずしもあなたにあるわけではない。つまり、まったく身におぼえのないフラストレーションをぶつけられている可能性が高いのである。**相手の言葉がそのまま自分にむけられたものと思い込まないほうがよい。**あくまでも瞬間的に怒りが言葉となって発散されているに過ぎない。

最良な対処法は、相手に思う存分しゃべらせ、思いきり怒りを発散させることだ。相手からの攻撃を無視するのは得策ではない。ますます相手の怒りが燃えあがり逆効果である。たとえ相手の言ったことがまったく気にならなくても、相手が怒りを抱えていることだけは見過ごさないようにする。

あなたが怒っている側であれば、相手の人格は攻撃しない、相手と誰かを比べて貶めたりしない、この二点を守ってほしい。誰かの行動に腹を立てて思い切り怒りをぶちまけるのはいいが、あくまでも攻撃の対象は行動そのものに限定し、相手の人格を否定しないことだ。

②軽視する（うわべだけの賞賛や辛辣な批判も含む）　人の努力を軽視して取るに足らない存在として扱う。じつにさりげないやりかただ。当事者にその自覚がないこともある。

いまでもよくおぼえている。ある人物がスピーチを終え、それに対し司会者がコメントした。まず四五分にわたってスピーチをした話し手をねぎらい、つぎに出てきた言葉がひどかった。せっかくのスピーチをないがしろにするようなコメントだった。

「とてもすばらしいお話でしたね。つまりこうおっしゃりたかったわけですね」。そう言って司会者は内容を要約してみせたのである。四五分のスピーチをたったひとつの文章に縮めてしまい、暗に聴衆は時間を無駄にした、と言わんばかりだった。

相手を軽視する例をほかにもあげてみよう。死にものぐるいで成果をあげた、あるいはわざわざ特別なはからいをしてくれた人に対し、「いつもこうすればいいのに」と言う。さぞかんたんなことなのでしょう、という調子で。

うわべだけの褒め言葉も相手を軽視しているあらわれである。きれいにセットしたばかりの髪、身につけているのはおろしたての自慢のドレス、肌はつやつや、完璧なメイク、一分のすきもなく美しく着飾り、輝くばかりの妻の姿に対し、夫からのコメントが「まあまあじゃないか」だけだったとしたら、妻はどう思うだろうか。

たとえるとしたら、ゴルフでここ一〇年でのベストスコアを出し、よろこび勇んで妻に報告すると、「あらそう」というコメントしか返ってこなかった、という心境だろうか。

うわべだけの褒め言葉に近いのが、条件つきの褒め言葉だ。いちおう褒め言葉は口にしているが、条件をつけたり無関係な欠点を持ち出したりする。これでは褒めていることにならない。

たとえば「彼はいい人だ。親しくなるとそれがわかるよ」。つまりはじめのうちはあまりいい人ではないということか？

「デートのときは彼女はとてもきちんとした服装をしている」。それ以外のときはだらしない格好という意味だろうか？

誰かを褒めるときには手放しでこころの底から褒めること。これは鉄則だ。

人の好みはうるさいものだ。なにかを一〇〇パーセント気に入るということは少ない。気に入らない部分がきっと出てくる。だからついプラスの気持ちとマイナスの気持ちを平均して、それを自分の気持ちとして言いあらわしてしまう。これでは心底、褒めていることにはならない。

聞く側は、よもやそれがプラスマイナス平均した結果とは思わない。単にこちらへの関心が薄いのだと解釈してしまう。

プラスの気持ちとマイナスの気持ちの両方があるのなら、たったひとことで済ませてはならない。きちんと分けるべきだ。

すばらしいと思う部分は無条件に称え、気に入らない部分については率直に批判すればよい。

③からかい（あてこすりや皮肉を含む）　冗談めかしてからかう、あてこすりなども間接的な攻撃である。おおもとには怒りがある。

人をからかっているところを傍から見ていると、ユーモアに満ちたおふざけに見えるかもしれない。たしかにユーモラスではある。第三者の目には楽しげに映るだろう。ひょっとしたら、からかわれている側は注目を浴びてよろこんでいるかもしれない。しかし、からかっている側の狙いは相手を挑発することである。皮肉やあてこすりも、相手を軽視し愚弄することが目的だ。

真新しいイブニングドレスを自慢げに見せる少女に対し、「とてもかわいいナイトガウンね」とからかう。

買ったばかりの新車を友人に誇らしげに見せる男性にむかって「どこも傷んでなさそうだな。いい下取り業者を紹介してやるよ。新車に替えるつもりなら」と言う。

子どもの歌を聞いて「すてきな詩ね。誰かにメロディをつけてもらったら、かわいらしい歌になるわ、きっと」と言うのもからかいだ。

あなたのイブニングドレスはまるでナイトガウンのようだ、新車なのに中古車に見える、きみは音痴だね。面とむかってそう言えば、これはあきらかな攻撃だ。からかいというスタイルをとってもやはり攻撃にはちがいない。

ここからわかるのは、からかっている本人は怒りを抱え込んでいるということだ。正攻法で発散することができない。だからからかいという方法で発散した。これなら気のきいたことを言って楽しむというおまけもついてくる。

このように怒りをからかい、あてこすり、皮肉にさりげなくすり替えるという方法はなかなかうまいやりかただ。怒りは人間にとってごく自然な感情である。怒りそのものは悪いものでもまちがったことでもない。怒りをきちんと外に出したほうが健全である。それならユーモアやウィットを効かせたほうが楽しい。シラノ・ド・ベルジュラックのぶかっこうな鼻はおもしろおかしくからかわれた。もの真似はいつの世でも人を楽しませるではないか。

ウィットに富んだやりとりをするには、ののしったり暴力をふるったりするよりもはるかに高度な知性や感性が要求される。

ある男性がつまずいて転んでしまったとする。あなたは彼にケガはありませんかとたずねる。妥当な反応としては「いいえ、大丈夫です。ありがとう」あるいは「ええ、ほんのすこしだけ」といったところか。

が、転んでしまって情けないという気持ちが相手にはある。そこで「ああ、そのとおり。決まっているだろう。転んだんだからケガするのはあたりまえだろう」と言うか、それとも少々自虐的に「いえいえ、ちょっと腕立て伏せをしようとしただけですよ」と言うか。まちがいなく後者のほうが楽しいやりとりになるだろう。

からかったりあてこすりを言ったりすることがコミュニケーションの一部になっているのなら、無理にやめることはない。楽しめばよい。気のきいたせりふでまわりの人間に楽しんでもらおう。ただし、いくら悪気はなくても節度はわきまえるように。**からかわれる立場に立たされたら、むっとしたり気を悪くしたりするようなそぶりは見せないようにする**。そのような態度は、あなたはわたしを攻撃していますねと暗に相手を責めることになる。相手はいい気持ちはしないはずだ。

④悪口　少々の悪口には害はない。たいていはおもしろくない気分を発散しているだけだ。むろん、人を中傷するようなことを言えば自滅につながる。しかし大部分の悪口は、誰かの失敗をサカナにたわいのないおしゃべりをするといった程度だ。意見の交換というほどたいそうなものではなく、ガス抜きをしてうっぷんを晴らす程度のかわいいものである。

たとえば、ふたりの社員がある同僚のことを話題にしている。

社員A「どうやらマイクがまた説教されているらしい。一時間ほど前にボスから呼び出しがあった」

社員B「当然だろうね。あいつの態度は鼻につくからな。いつも遅刻だし、一方的に話をまくしたてるばかりだし」

社員A「そうだな。いつだったか、投資でうんと儲かったと自慢を聞かされたよ。いったんしゃべり出したら止まらないんだ」

社員B「ボスも気をつけていないと、マイクに言い負かされてしまうぞ」
社員A「あいつとはできるだけ昼食をいっしょにとらないようにしている。消化に悪いからな。自分はつねに正しいって調子だから頭にくるよ。自分以外の人間は無知だと決め込んでいるんだ」

さて、この会話はマイクを傷つけるだろうか？　口に出しても出さなくても、ふたりはマイクのことをおもしろくないと思っている。むしゃくしゃした気持ちをこの際、ちょっぴり吐き出して、たがいにすっきりできたわけだ。

誰かの悪口を言って盛り上がったからといって、いちいち後悔する必要はない。人の悪口を言ってしまったと自分を責めることもない。ごく内輪で悪口に花を咲かせるのは単なるうっぷん晴らしであって、害はない。執拗な個人攻撃をたくらむならべつだが、ずけずけとものを言ってたがいの気が晴れる程度であれば、存分におやりなさいと言うまでだ。おそらく誰も傷つかないだろう。

3 要求を出す

相手になにかを直接頼めば、それは〝明確〟な要求である。これとはべつにわたしたちは〝間接的〟な要求をする。なにかをしてくれ、なにかを与えてくれと頼むかわりに、自分がほしいものだけを述べる、それが間接的な要求だ。この場合、要求が叶うかどうかは相手の善意にかかっている。

たとえば妻が夫に「土曜の夜に映画に行きたい」と言えば、夫はそれを〝土曜日の夜にわたしを映画に連れて行って〞と受け止めるかもしれない。妻は直接要求したわけではない。が、夫側に妻をよろこばせたいという潜在的な願望があれば、映画に行きたいという妻の願望はそのまま、映画に連れて行けという要求としてインプットされる。

面接の際、面接官が椅子から立ち上がれば、これで終わりですというサインとなる。立ち上がるという動作が、あなたはもうお帰りなさいという間接的な要求になっているのである。「ほかになにかありますか?」というセリフも同じだ。暗に、〝とくになければ、これで終わりです〞と伝えている。

会話のときに相手の言葉を途中でさえぎるのは、しゃべるのをやめて今度は聞く側にまわってほしいという間接的な要求である。質問し、相手がこたえたのにじっと黙っていれば、もっとくわしく話してくれと暗に要求していることになる。

間接的な要求を巧みに使えば、こちらはほしいものが手に入り、要求された側はあたかも自分のほうから積極的に相手の願望をかなえているようなよろこびを味わうことができる。

わたしの願望をかなえてくださいと誰かに頼むと、相手に選択をゆだねることになる。

こちらの要求に従えというやりかただと、相手には選択の余地がない。さきほどの面接の例では、面接官が席から立ち上がれば相手に選択の余地はない。しかし、ほかになにかありますかとたずねれば、選択権はあなたにありますよというサインだ。**要求するときは、あくまでも明確に要求すること**。人は率直に頼まれることを好むものだ。その点、間接的な要求は最初から不利だ。率直に要求されなかったという理由で相手が気を悪くして断る可能性がある。

間接的な要求を巧みに使えば優雅にことをはこべるだろうが、それには神経を使う。うっかりすると相手にさらりと流されてしまう可能性がある。意図的な場合もあるが、気づいていないだけなのかもしれない。さてどちらなのか、相手の真意がつかめず気を揉むことになる。

反対に、間接的な要求を受ける立場に立たされたらどうするか。単刀直入に要求された場合と同じ受けこたえをする。まずは相手の要求を理解したことを明確にフィードバックする。それから、どの程度までなら要求にこたえられるかを述べる。知らぬふりをして要求を無視してはならない。わざと相手の願望をつぶそうとしているのではないかと、あらぬ誤解を受けるだろう。

4　人をコントロールする

相手の自尊心をくすぐって意のままにうごかす。これが人をコントロールする際の常套手段である。あなたの自尊心を満たしてあげましょう、だからわたしの要求を受け入れなさい、と相手に迫る。わたしの言うとおりにしたらあなたの味方になりましょう。言うとおりにしなければ、味方になりませんよという駆け引きだ。

むろん面とむかってそう申し入れるとはかぎらない。「わたしがあなたの立場なら、こうしたはずだ」と言ってこちらの要求を出すという巧妙なやりかたもある。**相手の自尊心をくすぐり、それとひきかえにこちらの要求を飲ませる。**これをある画商とお客の場合で見てみよう。画商は絵画の購入をすすめている。

「この絵はある友人から買いつけたものです。彼はなかなか手放そうとしませんでしたよ。彼の家にきたお客さまのあいだで、この絵はそれはもうたいへんな人気でしたから。それに彼自身も愛着が強かったようです。とにかくこの絵には誰もが魅了されますからね」

これはつまり、あなたの家のリビングにこの絵を飾ったら、やってきた知人友人の目を奪いますよ、みんなが絵の芸術性を称えますよ、あなたの趣味のよさをアピールできますよ、とささやいているのと同じだ。言われた相手の頭のなかにはその情景が浮かぶだろう。人から賞賛されたいというお客の欲求をうまく利用して、画商は相手の気持ちをコントロールしようとしている。

自信のなさを突かれると、わたしたちはかんたんに影響されてしまう。頭がよくない、男らしくない、臆病だ、利己的だ、やさしくない、強くも健康的でもない。そんな不安があると、〝いや、そんなことはないですよ〟という言葉は魅力的だ。そこをうまく突いて、「あなたに自信をつけてあげましょう。ただしこちらの要求を聞き入れてください」という誘いがかかるのである。

たとえば判断力に自信がない人には〝いまはこれを実行するのが賢いと思われる〟とアプローチする。自分は思いやりがないと悩んでいる人には〝いまの時点ではこれをすることが相手のためではないでしょうか〟とアプローチする。わたしの提案に従えば、あなたの頭のよさ、思いやりを周囲から認めてもらえますよと暗に誘いをかけ、相手をコントロールするのだ。皮肉なことに、自信のなさに悩む人物はこの種の誘いにはとても影響されやすく、それがことさら自信のなさを強調してしまう。

誰かになにかをするようにすすめられたら、すすめる内容についてよくよく点検してみること。

巧妙に自分の価値観に訴える要素がまじっていないか、その意図はどこにあるのかを点検する。もしもそのような気配を感じたら、相手がすすめていることと相手のほんとうの目的を切り離して考えてみる。そうすれば、すすめに乗ることが自分にとってプラスになるのかならないのかがわかる。ときには相手の狙いどおり話に乗って自分を印象づけたいという気になるかもしれない。

しかし人によく思われたい、ものごとを自分のプラスになるようにしたい、という下心から相手の誘いに乗るべきではない。よくよく考えた上で行動すべきである。

5　愛情を表現する

愛という言葉ほど千差万別に受け取られる言葉はないのではないか。ある人にとっては所有したいと願う気持ちであり、ある人にとっては服従を意味する。性的な興奮と同等にとらえる人もいれば、与えることと考える人もいる。

詩人、哲学者、神学者、心理学者が何世紀もかけて思いをめぐらせてなお愛の正体をつきとめられないのだから、いまわたしが明確な定義を与えようなどと考えるのはおこがましいかぎりだ。というわけで、ここでは会話で愛情をどう表現するかに限定して考えてみる。まず言っておきたいのは、自己主張、攻撃、要求、相手をコントロールするための会話を除けば、すべて愛情の表現であるということだ。

いっしょにいられることがうれしい、気持ちをわかちあうことがうれしい、あなたの好みや望みを尊重していることをわかってもらえるのがうれしい、なんの下心もなくただあなたをよろこばせることがうれしい。これはすべて相手に対する愛情の表現である。

困っている人の話に耳をかたむけ、相手の気持ちを癒やそうとするのも愛情の表現である。ただひたすら相手をよろこばせたくて無心に褒め称える、自分の利益を度外視してアドバイスする、相手への思いやりから黙って怒りを受け止めて気持ちを楽にしてやる、相手が必要とする情報をなんの見返りもなしに提供する。すべて相手への愛情のあらわれである。

相手を否定しようとする気持ちがないかぎり、相手に愛情を伝えることはできる。相手に愛情を届けたいのであれば、自分のことを自慢する、相手を攻撃する、相手に要求を出す、相手をコントロールしようとする、といった要素を会話からなくしてしまえばよいのである。

行間に耳を澄ます訓練をする

相手が会話で伝えようとする潜在的なメッセージを感じ取るには、日頃の訓練が欠かせない。人の話を聞くとき、あるいは会話をしているときには、自分自身に問いかける癖をつけよう。なぜこの人はこんなことを言うのだろうか？　どんな意図が隠されているのだろうか？

こうしたらどうかと人が提案してきたら、よく吟味してみる。

相手はわたしに圧力をかけようとしているのだろうか？　この提案に乗らなければ、あなたは知性、外見、寛大さ、勇敢さ、誠実さ、人との協調性に問題ありと烙印を押されてしまいますよ、と暗にプレッシャーをかけているのだろうか？　相手の提案を冷静に分析し、相手の真意を見定めよう。

暗に賞賛の言葉を求められている場合もあるので、そのサインを見逃さないこと。さりげなくエピソードを語ったり、博識ぶりを示したりウィットを効かせたりと、あの手この手で相手はアピールする。なるほどと思い相手をよろこばせたければ素直に褒めればよい。よくぞわたしの気持ちを察してくれた、なんと感受性が豊かで気配りのできる人なのかと相手からは高く評価されるだろう。

からかい、あてこすり、皮肉を見落とすことはないだろう。そのおおもとには怒りがあることをおぼえておこう。相手は怒りを率直に表現できないので、からかったりあてこすりを言ったりしてすこしずつ出しているのである。

こうして気持ちを解きほぐしているのだと承知していれば、むきになってやり返そうとは思わなくなるだろう。**相手の言葉を受け止めてやればいいのだ**。気分が乗れば、いっしょになって言葉のキャッチボールをすればよい。また、会話を通じて相手がどんなギブ・

アンド・テイクを望んでいるのかも、しだいに見えてくるだろう。

日頃から感覚を磨いていれば、相手が送ってくるメッセージをうまくキャッチできるようになる。会話を楽しみ会話の可能性をひろげるには、絶好の方法でもある。

第6章 思考を伝え、相手からフィードバックをもらう

同じ言葉でも人それぞれ異なったイメージを抱く

人間には、複数の対象を比較し共通する要素を取り出すというすぐれた能力がある。〝オレンジ〟〝テニスボール〟〝月〟ならば丸い。〝バナナ〟〝ステーキ〟〝チーズ〟とくれば食べられるもの。〝水〟〝ガラス〟〝空気〟からは透明。〝バラ〟〝消防車〟〝血〟は赤い。

このように比較し共通の要素を見つける能力は、ほかの動物には見られない。わたしたちは七歳にしてこうした能力を使いこなせるようになる。

このように共通の要素を取り出す能力があるからこそ、言語が成り立つ。一つひとつの言葉は共通の要素あるいは共通するパターンをあらわしている。たとえば、〝サル〟という言葉は共通の特徴をそなえたある種の類人猿すべてを指す。〝柔らかい〟という言葉は軽い圧力に反応する性質であり、どんな物体にもあてはまる。

つまり一つひとつの言葉は共通要素を示すものともいえる。〝椅子〟という言葉はあら

ゆる種類の椅子――ブリッジチェア、安楽椅子、スツール、ビーチチェア、回転椅子――に共通する要素である。

だから誰かが「椅子を買った」と言えば、わかるのは椅子の機能――腰掛けるためのもの――だけである。

茶色いレザーの安楽椅子、という言葉が加わればどうだろう。〝茶色〟という言葉はこの色の対象すべてに共通する要素だ。〝レザー〟という言葉は革素材でつくられたものすべてを含む。〝安楽〟という言葉がつく椅子は、すわると身体が沈み込む椅子全般をさす。こうして対象にふさわしい共通要素が加わりながら、徐々にイメージが絞り込まれてゆく。

話をするとはつまり、**共通要素のやりとり**なのである。もっとくわしく知りたい、伝えたいとなれば、さらに共通要素を足して絞り込んでゆく。

これとは逆に、**わたしたちの思考は詳細な部分からスタートする**。なにかを考えるときには、たいていは頭のなかでイメージを描く。形のあるものでもないものでも、まずはイメージであらわす。

普遍的な椅子を思い描けと言われても、それはできない。とりあえずある特定の椅子を頭のなかに思い浮かべ、それを普遍的な椅子の代わりにするしかない。しかし椅子という言葉から描くイメージは人それぞれちがう。椅子だけではない。どんな言葉についても、人によって思い描くイメージはさまざまだ。

わたしたちは相手にわかりやすく話をするために比喩的な表現を使うが、これはわたしたちがイメージを描いて考えることとつながっている。たとえば勇敢さ、香り、汚れないといった言葉をライオンのような勇敢さ、花の香り、降ったばかりの雪のような汚れのなさなどイメージをかき立てる表現で伝えれば、わかってもらいやすい。

言葉は頭のなかのイメージの一部だけを伝える

頭のなかのイメージ、つまり考えていることをまるごと相手にわたすことができればよいのだが、言葉という手段では不可能だ。そこでイメージをすこしでも正確に表現するために言葉を補ってゆく。それはもうはてしない作業といってもいい。

ある人物のことを誰かにわかってもらうには、その人の能力、服、誠実さ、異性関係、父親としての顔など、できるだけたくさんの面を言葉であらわし、それを積み重ねてゆく。森のなかを歩く様子をありのまま伝えようとしても、いっぺんに言葉にすることはできない。ひとつまたひとつと伝えてゆくしかない。伝えられる個々の情報は話し手の関心を強く反映する。木々、大地、鳥の鳴き声、香り、影など、話し手が関心をもったことが取捨選択される。

では「わたしは彼が好き」と言えば、いったいどれほどの情報を伝えていることになるのだろうか。残念ながらこれもあるかぎられたことを言葉にしているに過ぎない。〝彼〟に〝話し手が好意を抱いている〟ことが伝わるだけで、〝彼〟の全体像は見えてこない。

話をするとは具体的にどういうことなのか、見てみよう。

ある人物が頭のなかであるイメージを思い浮かべる。そのイメージのひとつの側面を言葉にして伝える。

聞き手はその説明をもとに自分なりにイメージを描く。

このとき両者の頭にあるイメージがぴたりと重なるはずがない。なぜなら聞き手が受け取っているのは話し手のイメージのごく一部に過ぎないからだ。残りの部分は自分の願望、関心、これまでの経験で補っている。これでは似ても似つかないイメージになるのは当然である。

だがイメージのずれはかならずしも問題とはならない。たったひとつの事実についてたがいの認識が一致していればよい、という場合だ。たとえばあの人は背が高いですかと質問され「はい」とこたえたとする。すると質問者は背が高くて体格のよい人物を思い浮かべるかもしれない。こたえた側がひょろひょろとやせた知人の姿を思い浮かべていたとしても、まったくかまわない。この会話では背の高さという情報さえ正確に伝わればよいのだから。

会話のとちゅう、どちらかが「男の子が犬を飼うのはいいことだと思う」と発言したとする。いっぽうは毛がふさふさした大型の牧羊犬を思い描き、もういっぽうは毛足が短くすべすべした手ざわりの小型のテリアを思い浮かべるかもしれない。が、男の子が犬を飼うという部分さえ共有できていれば、犬の品種はどちらでもよいのである。ところが、たがいのイメージのずれからとんでもない誤解に発展する場合がある。押さえておくべき点をすべて押さえておかないと、やっかいなことになる。

どうもわたしたちは言葉の力を過大評価しすぎる。**言葉が伝えるのはものごとの一断面に過ぎないのに、それで全体像を伝えた気になる。**その結果、当然わかっているだろうと思ったことがわかってもらえていないという事態になる。

つぎのジムとロジャーの会話を見ていただきたい。言葉が足りないためにイメージが断片的にしか伝わらず、話がかみ合わないという例だ。

ジム「新刊書を読んでいるんだが、これがおもしろくてね」
ロジャー「ユーモアたっぷりの本は僕も好きだよ」
ジム「いや、ユーモアのある本ではないんだ。ここまで人間のダイナミックなうごきを描いた本はないと思うよ」
ロジャー「うごきか。いいね。スポーツの本で読みやすいのは歓迎だ」
ジム「スポーツの本ではなくて、アフリカについての本なんだ」

ロジャー「あ、なるほど。それじゃ派手な猛獣狩りだな。サファリだろ。その手の本はもうずっとごぶさただ」

ジム「ちがうちがう。そういうのではない。政治の本だよ」

ロジャー「なんだ、そういううごきか。いまの政治は目が離せないからな。ワシントンDCのうごきがからんでいるんだな。原子力問題や国連を巻き込んだ勢力争いか。血湧き肉躍るって感じの本なんだろうな。なるほど」

ジム「そうではない。舞台はコンゴだ。政治上の駆け引きがこれでもかこれでもかと出てくる。リーダーたちが新しい国の主導権をめぐって争うんだ」

このように肝心な点を言葉で明確にしないまま会話を進めてゆくと、自分のイメージが相手に伝わっているという錯覚を抱いたまま、話がどんどんずれていってしまう。たがいのイメージがぴったり重なることなどあり得ないのだから、あたりまえである。

たとえばある人物が「この件について、父親のアドバイスを仰ぐべきだろうか?」と相談をもちかける。相談された側は相手の父親を知らない。自分の父親から連想して、厳しく自己中心的な独裁者というイメージを思い浮かべる。じつは相談者の父親は思いやりがあり話のわかる人物なのだが。

相談された人物は知らず知らずのうちに、自分が抱く父親像を前提にしてこたえる。

「頼らないほうがいい。自分で決断するべきだ」

一見、ごくまっとうなアドバイスだ。が、相談者の父親をじっさいに知っていたら、こんなふうには言わなかっただろう。

これはあくまでも、相談された側が自分の父親との関係から導き出した言葉である。おそらく父への怒りが色濃く反映されている。それを自覚していたなら、おそらくこうこたえたはずだ。

「それはきみときみのお父さんとの関係によるね。お父さんはどんな人？」

父親という言葉から連想するイメージは人によってちがう、という事実を相談する側もされる側も気づいていなかった。ふたりともごく自然に父親という言葉に具体的な人間のイメージを結びつけていたのである。父親という言葉を男親の役割という意味に限定していれば、的確なアドバイスが得られたにちがいない。

〝事実〟と〝解釈〟とを混同しないように、内容を確認する

わたしたちは見たものを記憶する際に、少々肉づけすることがある。ところがこうして補足したものと事実との境目があいまいになり、まるですべてが事実であるかのように錯覚してしまう。

なにかを人に伝えるとき、見たままの事実に自分なりの解釈を織りまぜてしまうのはよくあることだ。伝えられた側は、それが事実と解釈の細切れが入りまじったものであるにもかかわらず、すべてを事実として受け取る。ところが、話し手の見解が正しいとはかぎらない。まちがった見解がまぎれこんでいたら、結果として誤った情報を伝えていることになる。

正確な事実を見わけるには、相手が話していることを頭のなかで再現し、自分なりに補足した部分を相手にフィードバックする。

相手が話していることが事実そのままだと仮定して、それならこの部分はこうだろうと想像して補足する。自分なりに補足した内容を相手に伝え、相手の記憶と照合すれば、事実と解釈とをより分けることができる。

具体的な例として、法廷での証人の反対尋問の様子を見てみよう。

弁護士「あなたが見たままを正確に述べてください」
証人「はい。わたしは自宅に帰るためにエルム街を歩いていました。といっても、ほとんど小走りでした。すごく急いでいたもので。ジェンキンズさんの家のそばまで来たとき──わたしは道の反対側にいたのですが──ジェンキンズさんが歩道に大の字に横たわり、被告人が杖でジェンキンズさんを打っているのが見えました。ふたりのあいだに割って入るなんて、とても無理でした。そんな腕力はありませんから。だから自宅めざして走りました。自宅はエルム街の角です。そして警察に通報したのです」
弁護士「よく思い出してください。あなたは杖がジェンキンズ氏のからだに触れるところをたしかに見ましたか？」
証人「思い出してみます。いいえ、たしかに見たとは言えません。なにしろ、とてもあわてていましたから。その場でじっと見ている余裕はありませんでした」
弁護士「では杖は実際にはジェンキンズ氏に打ちつけられてはいなかった、とも考えられますね」
証人「でも、被告人はそうしているとしか思えませんでした。ジェンキンズさんの上におおいかぶさって杖を頭上にふりかざしていまにも打とうとしていたのです」
弁護士「こうは考えられませんか？　被告人はジェンキンズ氏が倒れているのを発見し、様子を見るためにかがみ込んだ。杖はかがみ込むときに邪魔だから頭上にかざしていた」

誤った情報を排除するには、**じっさいに見聞きしたことだけに限定して言葉にすればよい**。状況説明が必要な場合は、あくまでも事実とともに伝える。そうすれば、聞き手は事実だけにもとづいて解釈をすることができる。
ある企業の販売担当の幹部が、営業社員の募集に応じて面接に来た人物のことを話してくれた。じつに想像力豊かな人物だったそうだ。なぜそう思うのかと理由をたずねたところ、面接の際のエピソードを教えてくれた。彼はその場でその応募者に鉛筆の売り込みをやらせてみたそうだ。

すると応募者は、わたしが売る鉛筆は特別な鉛筆で芯が折れない、消しゴムが減らない、消しゴムで消した跡がわからない、とセールストークをはじめた。そんな鉛筆を思いつくのは想像力がある証拠だ、きっと彼なら鉛筆を首尾よく売るだろうとその幹部は確信したという。

そこでわたしは、じっさいにそのような商品は売られているのか、だいいちそんな商品はほんとうにつくれるのかとたずねてみた。ノーというこたえだった。

ならばその応募者は自分の空想から特別な鉛筆がひらめいただけで、想像力豊かな企画とはいえない。

わたしはそんな感想を述べて、もうひとことだけつけ加えた。現実にはつくれない理想の商品を売り込もうとする人物に、営業マンの素質があるのだろうか、と。

その幹部はアイデアがどんどん出てくるという意味で〝想像力がある〟と表現した。そのアイデアが実用的であるかどうかはまったく関係ない。幹部の言葉から、想像力を駆使して企画を出す人物をイメージすることもできる。想像力があるとは具体的にどういうことなのか、と聞き手が話し手に確認しなければ、同一人物に対しかけはなれたイメージを抱いてしまう。

会話のとちゅうでたがいが抱いているイメージを比較する

会話とは本来、くいちがいの連続である。会話が進むにつれて頭のなかで思い描くイメージは次々と変化する。おたがいが抱くイメージは決して重ならない。

なぜかといえば、わたしたちが言葉で伝えられるのはイメージの一部だけだからである。その断片的な情報を手がかりに自分なりにイメージをつくりあげる。

どんな言葉を使うのか、それをどのように解釈するかは人それぞれである。それが個々に思い描くイメージの差となる。いくら正確に言葉で言いあらわしても相手の頭のなかにそっくり同じイメージを再現させることはできない。過去の経験、感受性、考えかた、願望、どれひとつとっても相手と自分はちがうのだから、しかたない。

例をあげてみよう。ジョンが飛行機に乗ったときのことをメアリーに話している。メアリーは一度も飛行機に乗ったことがない。ふたりが抱いているイメージのちがいに注目していただきたい。

ジョン「機内食にはとても満足したよ。味はよかったし品数も豊富だった」

（ジョンの頭のなかでは折りたたみ式のテーブルに置かれたトレーに食器、そこにステーキ、マッシュポテト、インゲンなどの料理が並んだ情景が浮かんでいる。彼は飛行機で最後にとった食事を思い出している。かたやメアリーはリネンのテーブルクロスのかかったテーブル、正式なテーブルセッティング、といったイメージを思い浮かべている。テーブルの上にはおいしそうなフランス風の焼き菓子が置かれている）

メアリー「まあすてき。サービスはどんな感じなの？」

（メアリーは黒服に身を包んだスタッフが軽やかに歩きまわっているところを想像している）

ジョン「とてもかわいくて感じのいいスチュワーデスが食事をはこんでくれるんだ。それはもうゆきとどいたサービスぶりだよ」

（ジョンはいちばんのお気に入りだったスチュワーデスの姿を思い出している。中くらいの背の高さで黒っぽい髪の色、瞳の色はブラウンだった。えらが張ってぽっちゃりした感じのにこやかな女性だった。メアリーはほっそりとして背が高く金髪、卵形の顔のほっそりとした若い女性が、はなやかな服を着ているイメージを思い浮かべる）

メアリー「飛行機のなかはうるさいのかしら？」

ジョン「すこしだけね。座席の位置によってかなりちがうよ」

（メアリーは反射的に耳障りなやかましい音を想像し、ジョンは低いブーンという音を

思い出している）

食べ物、スチュワーデス、騒音はとても具体的な話題である。それなのに両者は似ても似つかないイメージを抱いている。

もしもメアリーが飛行機に乗ることを怖がれば、またまた両者のイメージはくいちがうだろう。怖いと形容するものがたがいにちがうからである。

メアリーが近い将来、飛行機で旅行することになれば、おいしい焼き菓子を期待し、背が高く金髪で卵形の顔のスチュワーデスをさがすだろう。やかましい音に煩わされずにすむ席にしてほしいと希望を出すかもしれない。それがジョンとの会話から彼女が得た情報なのである。

いま話している相手とのイメージのズレを防ぐには、まめにたがいのイメージを確認すればよい。船が航路を外れないよう船長が定期的に現在地をチェックするように。

相手の言葉に対する解釈をフィードバックする

相手とのイメージのズレを調整するためには、まめな〝確認〟が必要である。会話のとちゅうで、自分はこういうイメージを抱いていると伝えあう。言いたいことがまちがいなく伝わっているかどうかが、これでわかる。イメージがくいちがっていれば、そこで判明する。あなたが話し手の立場に立った際には、聞き手が確認しようとしなければ、催促しよう。それがたがいのためである。

フィードバックするときには、相手が使った言葉をそのまま使ってはならない。これは重要なポイントだ。相手の言葉をそのまま使えば、相手はまちがいなく話が伝わったと安心してしまう。

しかしそこで確認できるのは言葉が正しく伝わったという事実だけである。それをもとに描いたイメージが相手の〝意図した〟ものと合っているかどうかはわからない。だから相手の言葉をそのまま返すのではなく、べつの言いまわしで、わたしはこんなふうに受け止めたと説明する。

効果的なのは、このままいけばこんな結果になるのではないかと予測をしてみせる方法だ。相手が思う結末とくいちがえば、どこかで相手の意図を誤解していることがわかる。

つぎの例は、足をねんざした患者に医師がテーピングをした直後の会話である。

医師「これで楽になると思いますよ。水曜日までテーピングはとらないでください。そしてわたしに電話してください」

（患者はこれを聞いて、テーピングは水曜日に外し、経過を医師に電話で知らせればよいのだと解釈する。しかし水曜日に医師に電話して指示を仰ぐという解釈もできる。はたして医師の意図は患者に正確に伝わっているのだろうか。正確に伝わっていると双方が疑わなければどうなるか。さいわい、ここでは患者が医師の意図を確認する）

患者「水曜日の夜にテーピングをとればいいのですね。そして電話をすればいいのですね。それでまちがいありませんか？」

（このフィードバックで患者は水曜日の朝なのか夜なのかを確認しようとしている。また、テーピングをとるのは水曜日でよいのかどうかを確認しようとしている）

医師「いえ、そうではありません。テーピングは金曜日まではとらないように。水曜日に電話で経過を知らせてください」

患者は医師の指示を自分はこう解釈したと明確に言いあらわしている。おかげで両者の認識のズレが判明した。

つぎに企業の幹部と部下の会話を見てみよう。このケースでは部下が幹部の言葉を自分なりに解釈してその先の予想を立てている。

幹部「このプロジェクトはひじょうに重要だ。全力を注いでやってもらいたい」

（これを文字どおり受け取れば、プロジェクトが終了するまではほかの業務をすべてス

トップしなくてはならないと解釈できる。しかし、もしかしたら単に手を抜くなと言いたかっただけなのかもしれない）

部下「では、ほかの業務はすべて中断するのですね」

（部下は自分はこう解釈したと言いあらわすのではなく、その先を予測して相手に確認している）

幹部「いや、ちょっと待った。きみは今〝合併プロジェクト〟も手がけているね」

部下「はい。ですがあのプロジェクトにはかなり時間をとられます」

幹部「あれはとても重要だから中断というわけにはいかない。きみのところは増員することにしよう。そうして両方のプロジェクトを進めてもらおう」

部下が確認しなければ、〝合併プロジェクト〟は止まってしまっただろう。そうなれば、当然成果はあらわれず、企業としては損失となり上司は腹を立てていたにちがいない。

よくおぼえておいてほしい。相手に確認しないかぎり、相手の意図を正確につかんでいるかどうかはわからない。どんな条件のもとでも、わたしたちは頭のなかで想像力をはたらかせてイメージをつくりあげる。なまじつくってしまうために、やっかいなことになる。相手の意図を理解できていると思い込んですっかり安心してしまうのだ。

相手の話を正しく理解しているかどうかは、自分でつくっているイメージを点検するだけではわからない。だから会話のとちゅうでひんぱんに相手に確認したほうがよい。**相手の言っていることを自分が理解しているという思い込みは捨てることだ。**

また、確認という行為はたがいの認識のズレを正す以外にもふたつの効果がある。相手の考えが深まる、相手の考えを改めさせる、である。

確認で相手の考えを深めさせる

自分の考えはこうだ、というはっきりしたイメージがないまま会話をしていることがある。そういう場合、相手からのフィードバックがきっかけであいまいだった部分が鮮明になることがある。

つぎに挙げるのは教師と生徒の会話である。聞き手が内容を確認することで話し手の考えが鮮明になるという一例である。

教師「メアリー、あなたはクラスの討論で一度も発言していませんね」
メアリー「ほかの人の意見を聞くと、わたしがつけ加えることはないように思えてしまうんです」
教師「小テストの結果を見ると、要点はちゃんと理解していますね」

メアリー「試験はまたべつですから」
教師「べつ？」
メアリー「試験のときには考える時間がじゅうぶんあるのでミスをする心配はありません。でも討論の課題となると、考えているうちにほかの人がどんどん発言してしまうんです」
教師「ではあなたはこう思うんですね。討論のときには課題について考える時間がほかの生徒よりたくさんかかると」
（教師は生徒に、あなたが言いたいことはこれで正しいのですかと確認している）
メアリー「すぐに考えがまとまることもよくあります。でもじっくり時間をかけてその考えが正しいと確信したいのです」
教師「よく考えたあとで、まちがいだったと気づくことは多い？」
メアリー「いいえ、そういうことはありません」
教師「なるほど。それなら、なにかほかに理由があるのかもしれない。だから時間をかけようとするのかもしれない。ミスをするのを怖れているのかもしれませんね。まちがったことをいったら取り返しのつかないことになる、というふうに感じているのかもしれない」
（教師のフィードバックでメアリーは自分のほんとうの気持ちをさぐっている）
メアリー「（間）はい。そのとおりだと思います」

教師が確認することで、メアリーは思いもよらなかった本心に気づく。まちがいを極度に怖れているという自覚はいままでなかった。もしかしたら、無意識のうちにそういう思いを封じ込めていたのかもしれない。だが目の前で教師がメアリーの気持ちを検証してゆくうちに、彼女はようやくほんとうの気持ちに気づいた。

確認して考えを改める

表面上はつじつまがあっていても、じつは理屈に合っていないことを言ってしまう場合がある。発言しているときには、当人はすこしもおかしいと思っていない。だが自分の発言をふりかえって客観的にとらえることができれば、これはおかしいぞ、このままではトラブルになるぞと気づく。

聞き手が発言の内容を話し手に確認し、このままでは立場がまずくなりますよと警告を発っすれば、本人も考えを改める。

ある営業マンと取引先との商談の場面を見てみよう。担当者は最初は話に乗ろうとしないが、営業マンのフィードバックで考えを改める。

営業マン「この新機種は確実に儲かりますよ」
担当者「新しいものを買うつもりはありませんよ」
営業マン「なぜですか?」
担当者「在庫がまだたくさんありますからね。それがなくなるまでは新しく仕入れる余裕はないんです」
営業マン「この機種の宣伝にはわが社も力を入れています。あらゆる雑誌を使って全国規模で大々的に広告しますし、地域ごとにきめの細かい広告活動もします。注文がひっきりなしに入りますよ、きっと」
担当者「では注文が入ったらオーダーすることにしましょう」
営業マン「それではせっかくの商売のチャンスをみすみす捨ててしまうようなものです。納品には二週間かかりますからそのあいだにライバルに顧客をごっそり持っていかれてしまいますよ」
(このままいけばあなたはとても不利な立場に立たされますよと営業マンは担当者にフィードバックしている)
担当者「売り上げをふいにしたくはないが、これ以上資金を投じて在庫を増やすのは避けたいですからね」
営業マン「在庫を増やしたくないというお気持ちはよくわかります。どうでしょう、うごきの鈍い商品は値下げして処分しては？　セールをしましょう」

担当者「セールですって？　この商売は商品を右から左にうごかせばいいというものではない。すこしでも利益を出さなくては」

営業マン「では倉庫に商品を眠らせておけば利益が出るとお思いですか？　大々的な宣伝をうって飛ぶように売れる商品よりも儲かると？」

（相手の発言内容を営業マンが確認し、相手はそれを聞いて自分の考えは望ましい結果を生まないと気づく）

担当者「わかりました。ではくわしい話をうかがいましょう」

営業マンは担当者の発言をもとにさきざきのイメージを描いて担当者に示す。担当者はそれは自分が望むことではないと判断し、考えを改めることにした。

忘れてはならないたいせつなこと

言葉が伝えるのは頭のなかにあるイメージの断片である。相手の言葉から相手の意図を一〇〇パーセント知ることはできない。いま言葉でやりとりしているのは全体のどの部分であるかをたがいに確認する。

同じ言葉から思い描くイメージは人によって千差万別である。

わたしはあなたの言葉をこう解釈しましたと確認し、相手にもこちらの発言を確認してもらおう。

第7章　話を聞いてもらうために

ひとつの話題を長々と話さない

人は同時にふたつのことに集中できない。わたしたちは一瞬のうちに山のような選択肢のなかからひとつを選んでそこに注意を注ぐ。

つまり人に話を聞いてもらうということは、ゆれうごく細い光をとらえるようなものだ。相手の関心をうまくとらえられなければ、なにを言っても届かない。それはもはや会話ではなく、ただのひとりごとだ。

相手の関心をつなぎとめて話を聞いてもらうにはどうすればよいのだろうか？　これは経済効率の問題としてとらえればよい。わたしたちの気を引こうと待ちかまえているものはつねに無数にある。ちょうど満員の待合室のような状態だ。だが使えるエネルギーはかぎられている。となればいちばんリターンの大きそうなところにふりむけるほうが得だ。

有益で、わかりやすく、時間をかけても元をとれる話であれば、聞こうという気になる。

相手に聞いてもらうための具体的なノウハウを見てゆこう。

ポイントからずれない

思っていることを要領よく相手に伝えるには、**無関係な情報をそぎ落とす**ことがたいせつだ。必要な部品だけを提供する。そうすれば相手はこちらが意図したものを組み立ててくれる。

話の冒頭で、だいたいの方向性を相手に知らせる。つづいて核心部分を述べて相手の注意を引き止める。

話の長さも重要だ。関心の度合いに応じて、聞き手の注意力の持続時間は変わってくる。その限界を超えると、とたんに関心が薄れ注意力が散漫になる。

相手の思考をストップさせるようなことは言わない。たとえ本題に関係のあることでも、聞き手がピンとこなければ、それは聞き手にとっては無用な情報である。

なぜ本筋と無関係なことを持ち出すのか

話し手が本題とは関係のないことを持ち出すのは、気の迷いからではない。やむにやまれぬ事情があるからだ。本題からそれたくないという気持ちはもちろん強いが、それを上回る願望に勝つことができないのだ。それは、相手に自分を印象づけたい、もっと注目されたい、自分に共感してもらいたい、相手の気持ちを知りたいといった願望だ。

このような願望に邪魔されて会話が本題からずれてゆく例を見てみよう。部下が上司に報告をしている場面である。

上司「情報は集まったか？」

部下「指示していただいた先を訪問してみました。親切で協力的なかたが多くて、話が弾みました。まあ、そうでもない人もいて最初はなにも教えてくれませんでしたが、知恵をしぼって粘りに粘って情報を手に入れました」

上司「たいへんだったね。きみならやり遂げてくれると思っていたよ」

部下「いや、すこしもたいへんなことなどありません。なかにひとり、よほど人恋しかったのか、話が止まらなくなった人がいましたよ。肝心の情報を聞き出すまでに時間がかかりました」

上司「よくやってくれた。この成果は今後おおいに役に立つだろう。報告書はいつごろできるかね？」

部下「きちんとまとめるには少々時間がかかると思います。重要なアイデアを抽出し、それを裏づけるためにじっさいの言葉を引用するつもりです。もしかしたら面接の件数をもっと増やす必要があるのではと思ったのですが、サンプル数はこれでじゅうぶんとお考えですか？」

上司「ああじゅうぶんだ。以前にも似たような調査をしているからね」

部下「そうですか。そのときの成果はどんなものでしたか？　今回と同じ目的のためにおこなわれたのでしょうか？」

上司「まあ、とても近いね。いまくわしく説明するのもなんだから資料を見るといい。ファイルされているはずだ。報告書は来週の週末までに完成できるかい？」

部下「来週末ですね。だいじょうぶだと思います。報告書の書きかたについてですが、いくつかプランがあるので相談に乗っていただけますか」

部下は知恵をしぼって粘りに粘って情報を手に入れたとアピールしている。これはあきらかに本題とは関係ない脱線である。上司の注意を引きたい、共感してもらいたいという気持ち、好奇心や願望といったものが顔をのぞかせる。

上司の関心は、情報が収集できたかどうか、報告書が来週末までに完成するかどうかにある。

なぜ本題とは無関係の話題が出てくるのか。それは自分の感情を表現したい、単なる情報交換ではなく相手と人間関係を築きたい、という願望があるからだ。人とのむすびつきを強く求め、注目されたい、自分を表現したい、人に支持されたいと願う。それが満たされないと孤独感に襲われるという人が多数派なのである。

会話を利用すれば手っ取り早くその願望を満たすことができる。しかしそのために人の時間を奪うのは気が引ける。妥協策として出てくるのが、本題を見失わない程度に自分の願望を組み込んでしまうという方法だ。その結果、会話は本筋に沿ってまっすぐ進むのではなく、ジグザグ模様を描く。

このように**自分の願望から話を脇道にそらしていても、あんがい当人にはその自覚がない**。自覚してしまえば、見たくない自分の姿を見なくてはならない。人に支持してもらいたがっている自分、誰かに関心をもってもらいたがっている自分、注意を引きたがっている自分の姿を。欲求をコントロールできず、話の論理を乱してしまう自分を受け入れるのはむずかしいのだ。

あまりにも話が脱線すると、聞き手はたまったものではない。が、じつは話し手の側もつらい。

聞き手側は、けっきょくなにが言いたいのかわからない話を聞かされてじりじりするだろうが、話し手のほうは自分の弱さを自覚する不快感から逃れたい、すこしでもましな状態になりたいと懸命なのである。

言いたくてたまらないことが山ほどあるのに誰も聞いてくれない。知性を示したい、美徳の持ち主であることを証明したい、スキルを認めてもらいたい、人に影響を与えたい、感情を吐露したい、それなのに誰も受け止めてくれない。それなら、こっそり会話にまぎれこませてしまえ、無駄話とちがって目的のある会話であれば、相手も耳をかたむけざるを得ない、というわけだ。

聞き手の立場に立ってみよう。脱線につきあえばどんなメリットがあるだろうか。相手の人となりがわかる、相手がどんな欲求を満たしたいのかをかいま見ることができる、共感を寄せることですこしでも相手の欲求を満たすことができる。

だがそんなふうに人の寛容さをあてにしたくないというのがわたしたちの本音ではないだろうか。

話の脱線は意思の力で防げる。話すときには自分に問いかけてみることだ。これは本題にどう関係しているのか、自分が聞く立場なら聞きたがる内容だろうか、と。

〝おもしろい〟という要素はくせものだ。ある話題を〝おもしろい〟という理由で会話に持ち込むのは危険である。ひとつ許せば、言いたいことを手当たりしだい会話に詰め込んでしまいたくなる。うっかりするとこのワナにはまるので気をつけなくてはならない。

いま言おうとしていることは本題を理解してもらうために役立つのだろうか、と自分に問いかけてみてほしい。もしかしたらまったくべつの理由から言いたいと思っているのかもしれない。が、それはそれでかまわない。自分の欲求を無理に抑える必要はないのである。ただし本筋からそれるときにはそれを自覚し、いつでも本筋に引きもどせるように注意を払う。

話は短く

聞き手が全神経を集中して話を聞いてくれればいいのだが、あいにく集中力はとぎれやすい。相手の関心が離れそうになったら引きもどす、それがわたしたちにできる精いっぱいのことだ。

相手になにかを伝えるときは、一度にひとつだけと決める。相手がいくら集中して話を聞いてくれたとしても、ひとつなにかを言われたらそれを消化してからでなければつぎに言われたことは吸収できない。

営業マンが売り込みに失敗する最大の原因は、しゃべり過ぎである。また、時間に追われる経営者は一度になにもかも詰め込んで話し過ぎるきらいがある。それではかえって時間を無駄にするようなものだ。聞き手はメッセージの大部分を取りこぼしてしまい、けっきょく同じことを何度もくりかえす羽目になる。

なにかを教えたり、アドバイスしたりするときには一度に二〇秒以上しゃべってはなら

ない。それ以上長くなると、聞き手は聞いたことを飲み込めなくなる。

話の内容を理解するには、言葉を受け止めてそれを自分の頭で考える時間が必要だ。いま聞いたことを考えようとしているのに、すぐにつぎのことを言われては考えることも聞くこともできなくなる。

話は短いほうがよい。その一例をあげてみよう。営業マンが新商品を売り込んでいるところである。

「ブラウンさん、これは全国規模で大ヒットしているすばらしい商品です。その理由をご説明しましょう。ここ数年これほど自信をもっておすすめできる商品はありませんでした。デザインをごらんください――なめらかでモダンで美しいラインでしょう。わが国有数のデザイナーの手になるデザインです。数々の賞を総なめにしたデザイナーです。おまけに商品寿命が長い。設計からしてちがいます。ほんとうに頑丈なんですよ。手荒な扱いにも耐えます。一年間の保証つきですが、まず故障することはありません。わが社ではこの商品を宣伝の目玉にしています。ラジオ、テレビ、主要な雑誌はもちろん、地元密着型の宣伝もおおがかりにおこなっています。それに価格ですが、これだけの品質にしてはたいへん低く設定しています。支払いの条件も有利ですし、量がまとまればそれ相当の割引もいたします。配送もすみやかにおこないます。

「この商品はどんどん売れるでしょうから、もちろん迅速な配送をお約束します」

本から目を離し、この営業マンが述べた内容を思い出していただきたい。いくつ思い出せるだろうか。これを聞かされた側も、おそらく理解しきれていないはずだ。はたして売り込みは成功するだろうか？

営業マンは話を短くして、内容をひとつにしぼるべきだった。ひとつの話題のあとで相手の感想をたずねるという方法をとるべきだった。

たとえば魅力的なデザインについて説明し、それに対する相手の反応を引き出す。同様に一つひとつのセールスポイント——丈夫なつくり、宣伝——を語り、それについて相手からコメントを引き出す。コメントを求められれば、相手は話の内容を理解しようとして身を入れて聞くようになる。

ひんぱんに話の内容を確認し、だいじなことはつづけざまに言わない。この二点は重要だ。

矢継ぎ早に断片的な情報をわたされても、聞き手はトータルなイメージを描くことはできない。スピードに追いつけないのだ。こうした事態を避けるためにも、キーワード、とりわけ修飾語の数はできるだけ抑えて情報量をしぼる。

たとえば、いまの例で営業マンが「この商品は美しいデザインで丈夫で宣伝もさかんで、なによりお買い得です」と言ったらどうだろう。たしかに話は劇的に短くなる。しかしあまりにも圧縮されすぎて、すぐには意味が理解できない。

ひとつの文に四つの修飾語は多すぎる。かたっぱしから記憶して頭のなかで復唱するわけにもいかない。

また聞き手が話の内容を咀嚼するのを待たずに話し手がつぎの話題に移るというのも問題である。

一度に使う修飾語はふたつがせいぜいだろう。「彼は背が高くてやせている」と言われると、ぱっとイメージが浮かぶ。しかし、「彼は背が高くがっちりしていて太鼓腹で近視だ」などと言われてしまうと、立ち止まって修飾語を整理しなくてはならない。ひとつの文に修飾語が三つ――まるまるとしていて重くてつやつやしている――使われていると、イメージをつくるのに時間がかかる。

修飾語を四つ使いたい場合はふたつずつにわけて、合い間に相手に確認する。もうひとつの方法は、修飾語の間隔をあけてそれぞれについてすこしくわしく述べる。たとえばいまの二例めの男性の描写はこうなる。

「彼は背の高い人だが、背筋をぴんと伸ばして立っていたのでいっそう背が高く見えた。ジャケットのボタンを無理矢理はめていたのは、きっと太鼓腹を隠すためだったのだろう。頭の毛はさびしく、わずかに残った明るい茶色の髪を前から後ろになでつけていた。短いほおひげには白いものが混じり、べっこう縁のメガネが団子鼻にやっとのことでひっかかっていた」

あきらかに情報量が多いが、修飾語が適当な間隔を置いて出てくるので、聞き手は余裕をもって一つひとつ頭に収めてゆける。と同時に全体像を描いてゆくことができるので、あまり時間をかけずに理解することができる。

わかりきったことを言われると聞く気がしなくなる

たいせつな事柄はじゅうぶんに間隔をあけて話すようにすれば、相手に理解してもらいやすい。この気配りは重要だが、そのいっぽうであまりにも時間をかけ過ぎると相手の関心はよそに移ってしまう。同じ内容をくりかえされたり、わかりきったことを言われたりすると、話を聞こうという意欲が薄れてしまう。会話の〝テンポ〟が遅くなり過ぎる。**会話では伝えたいことをテンポよく伝えるように気を配る。**テンポによって刺激のある会話にもなれば退屈な会話にもなる。小気味よいテンポでたいせつなことを伝えれば、聞き手は聞き逃すまいと神経を集中させる。これは聞き手自身にもよい刺激となり、新しい情報を取り入れて思考をリフレッシュさせることができる。

あまりにもわかりきったことを聞かされると聞き手は退屈になる。こんなことも知らないのかと愚か者扱いされているように感じてしまう。同じことをくりかえし聞かされるのもおもしろいことではない。まともに聞き取ったり理解したりする能力に欠けていると思われているのか、と気を悪くする。しまいにはなにを言われても無視して物思いにふけったり、周囲のことに目移りしたりする。もっと有意義なことはないだろうかと思いはじめる。

このように相手がすでに知っていることを念押しすると、会話の勢いが殺がれてしまう。が、ふだんの会話ではそれが延々とつづいている。なぜわたしたちはあえてそうするのか。それは会話に情報伝達以外のものをもとめているからである。相手と気持ちを通い合わせたい、感情を表現したい、相手が理解していると確信して安心したい。そんな気持ちを抑えきれず、けっきょくは相手を退屈させる結果となるのである。

たとえば、つぎの会話ではほんのわずかな情報のやりとりしかされていない。

キャサリン「まったく、いまどきの子どもには親を尊敬するという気持ちがありません。困ったものですよ。親もそれで平気なのだからあきれてしまいます」

ジョー「そうですね。子どもたちときたら親を親とも思わない態度をとりますから。しつけもなにもあったものじゃないですよ」
キャサリン「むかしは親が決めたことに子どもは素直にしたがったものでした」
ジョー「そうそう。いまのように子どもが傍若無人にふるまってなんでもやり放題、なんてことはなかった」
キャサリン「おっしゃるとおり。子どもも傍若無人にふるまったりしたら、お仕置きが待っていましたからね。子どももそこのところはちゃんとわかっていましたよ」
ジョー「いまの親たちはなにをこわがっているんでしょう。へたなことを言って子どもの個性をゆがめたくないなんて言いますが、ゆがむ心配をする前に、きちんとしつけるべきだとわたしは思いますよ」
キャサリン「同感ですね。いまどきの大人は子育てなんかしていません。子どもが勝手に大きくなっているだけです」
ジョー「そのとおりです。家庭でいちばんいばっているのは子どもなんですから」
　情報交換が目的であれば、キャサリンが「ちかごろの子どもは傍若無人にふるまい、親はろくにしつけをしていない」と述べ、ジョーが「まったくそのとおり。同感です」とこたえればすんでしまう。

新鮮な情報を加える

同じ内容をくりかえすと会話がやせてゆく。相手に共感を示して誠意を伝え合うことはできるが、話そのものへの興味は薄れてゆく。感情を表現するだけなら頭をはたらかせて思考をする必要はない。すると会話はロボットが音声をやりとりしているのと変わらない状態となる。おもてに出るすきをうかがっていた感情は発散できたが、それ以外に伝えたいことがない、となると、とたんに気詰まりになる。たがいの関心は会話から離れ、どこかに飛んでゆく。

ここで疑問を感じる読者がいるかもしれない。会話一つひとつにそこまで神経を使わなくてもいいではないか、頭に浮かんだことをただなんとなくしゃべってもいいではないか、なぜ刺激的であろうとしなくてはならないのか、誰だって自分の気持ちを人に聞いてもらいたいときがあるではないか、と。

たしかに誰にも人に聞いてもらいたい感情はある。それを一工夫して伝えてみてはどうだろうか。**相手の頭に心地よい刺激を与えるような方法をとれば、きっとよろこんで会話に参加してくれるはずだ。**

相手の関心を刺激するには、新しい情報を会話に盛り込むことだ。新しい事実と新鮮な考えかたを提供し、相手の注目をがっちりつかむ。相手がそれに乗って、いままで頭をかすめもしなかったことを考え出したらしめたもの。会話は刺激的な冒険となる。

さきほどの会話例であれば、自分たちの幼かったころを思い出して、どれだけ厳しくしつけられたか、具体的なエピソードを盛り込んでみる。なぜ親が子どもをゆがめることをこわがっているのかについてつっこんで話してみる。子どもがあまりにも厳しいしつけをうけたり、逆にほとんどしつけをされない場合、個性にどのような影響を及ぼすだろうかと話し合ってみたりする。相手の連れ合いはこの問題についてどのように感じているかと聞いてみる。

そのためにはもっともっと頭を使わなくてはならない。記憶をたぐり、適切な質問をつくり、質問にふさわしいこたえを見つけなくてはならない。そのぶん、得られるものは大きい。会話の内容が豊かになり相手の関心をとらえて放さないばかりか、より能動的で積極的な思考を生み出す。

くりかえしをうまく利用して多くの情報を提供する

同じ内容をくりかえし伝えることにはプラスの効果もある。何度も聞いたことは頭のなかに残りやすい。聞く側の関心はあちこちに飛ぶので、一度めに聞き逃したことを二度めにキャッチする可能性もある。

問題は、**どうしたら相手を飽きさせないか**、である。何度も同じ言葉をくりかえすと無視される可能性が高い。

相手の注意力をひきつけておくには、くりかえしのたびになにかを加えてゆく。同じ言葉を使わない。同じことをより大きな観点からとらえて話すようにする。こうすれば相手を退屈させずに、内容の念押しができる。

指示をくりかえすときには、二度めには理由を加える。

なぜという理由は新しい情報である。相手は新しい情報を取り入れながら、ごく自然に頭のなかで指示を再確認している。

指示をくりかえすと同時に予想される結果を明かすという手もある。このときにも相手は頭のなかで指示の内容を再確認して新しい情報を取り入れる。ほかにも、指示を出す背景を話す、似たような状況を紹介する、代案を示すなどの方法がある。

医師が患者にこの薬を一日三度服用しなさいと指示してから毎回の食事の後に服用しなさいと言えば、一日三度の服用を念押ししているのと同じである。

教師が生徒にこんな宿題を出したとする。

「教科書の第二章を読みなさい。内容をよく理解するために、第二章の内容に関するテスト問題を五つ作成してみなさい」

テスト問題をつくる理由をつけ加えて関心をひき、宿題の内容を念押ししている。

具体的な言葉を使う

言葉には、ぱっとイメージが思い浮かぶものとそうではないものがある。ランプ、ナイフ、踊る、犬、食べる、といった言葉は頭のなかにイメージを描きやすい。しかし、自由、正直、慈善活動、高潔さ、正義、などという言葉を聞いてイメージが浮かぶだろうか？

もの（ランプ、犬）をあらわす言葉、行動（踊る、食べる）をあらわす言葉はすぐにイメージが湧く。つまり〝具体的な〟言葉である。

抽象的な言葉がカバーする領域はあまりにも広いので、正確に定義しようとしてもできない。

人はひとつの言葉を聞いて同時に複数のイメージを思い浮かべることはできないので、抽象的な言葉はどうしてもイメージとして浮かばない。むろん具体性と抽象性とは白か黒かといった絶対的な区別ではない。具体性と抽象性はひとつの連続のなかにあり、両極のあいだにさまざまな段階がある。両極端に近い位置にあるものを具体的あるいは抽象的と言いあらわす。

抽象的な言葉をイメージに変えることのむずかしさをつぎの例で見てみよう。

ある男性が〝親切〟であることを表現したい。親切という言葉そのものをイメージすることはできない。とりあえずなにか親切な行動を思い描くだけだ。

たとえば病気の友人を見舞う場面を想像する。だが親切という言葉の意味はもっと広い。彼が日々おこなっている親切な行動も多様である。それをすべてひっくるめたものが親切という表現なのである。お客さまを快く迎え入れ、部下の要求には真剣に対応し、自分のものを寛大に分け与える、そんな一面もあわせ持っているかもしれない。ところがここでまた抽象的な言葉が登場する。快く、真剣に、寛大に。

一つひとつの抽象的な言葉は幅広い領域を受けもっているので、喚起されるイメージもさまざまである。わたしたちは頭のなかにイメージを描きながらものを考える。当然、一つの抽象的な言葉をめぐって話し手と聞き手が思い浮かべるイメージはくいちがうはずだ。

会話で抽象的な言葉をひんぱんに使うと、こうしたくいちがいが思わぬ結果を招く。

基本的な意見は合っているはずなのに猛烈な議論になったり、まったくべつの考えをもつふたりがおもてむきは意気投合したりしてしまう。ときには自分の本心とは裏腹な発言をしてしまうこともある。

だが抽象的な言葉は単にコミュニケーションを混乱させるだけのものではない。次元の高い知的活動を言いあらわすには具体的な言葉よりも抽象的な言葉がふさわしい。抽象的な言葉を使えば、より難解なことを解き明かすことができる。具体的な言葉がかぎられた範囲を指すのにくらべ、抽象的な言葉の適用範囲ははるかに広い。ものやできごとなどさまざまなことに使える。〝ペンキを塗った〟という具体的な言葉と〝善い〟という抽象的な言葉をくらべれば一目瞭然である。

複雑な思考をするには抽象的な言葉が役に立つ。必要不可欠と言ってもよい。しかし抽象的な言葉の守備範囲の広さを考えると、じっさいの会話ではじゅうぶんな注意が必要だ。たがいの認識がかみ合うように意味を限定し、決して言いっ放しにしない。具体的な言葉であれば、それだけを言っても相手に通じる。

抽象的な言葉を使うときには、それにつづけて具体的な言葉で例をあげたり説明したりするのを忘れずに。そうすれば相手が思い浮かべるイメージとこちらのイメージにズレが生じるのを食い止めることができる。

相手の注意を引きつけておくために

聞き手の注意を引きつけておくためには、つぎのことをこころがけよう。

1　本題からそれない

2　一度の発言を短くし、相手に伝えたいことはひとつずつ間隔を置いて伝える。すると聞き手は一つひとつ余裕をもって受け止め、理解することができる
3　相手がすでに知っていることは話さない。伝えたいことをくりかえすときには同じ言葉は使わず、内容だけをくりかえす。わかりきっていることは言わない
4　できるだけ具体的な言葉を使う。抽象的な言葉を使うときには、具体的な言葉で補う

これはいつでも実践できる。会話の際、どんなときに自分の集中力が高まるのか、どんなときに気が散ってしまうのかを観察し、その原因をさぐろう。いま紹介した四つの方法を使えば改善できるだろう。

第8章 頭をはたらかせる

正しい言葉などない

会話に関して、わたしたちはある幻想を抱いているようだ。〝正しい〟言葉を使えば自分の言いたいことがまちがいなく相手に伝わる、という幻想を。

願いを叶えてくれる魔法の呪文を信じているようなものである。だから言葉を紡ぎ、さらにまた紡ぎ、声の調子をさまざまに変えて説得力を出し、ウィットという香辛料をまぶしてみる。が、いくら理路整然と語り、相手の想像力を刺激し、活気とユーモアを加えても、**伝わらないものは伝わらない**。これはどうしたことなのか。

いちばんの誤解は、聞き手の沈黙をよいサインととらえてしまう点にある。黙っているのだから、わかってくれているのだろうと解釈する。テープレコーダーのようにひとことももらさず受け止めてくれているのだと思い込んでしまう。

じっさいには正しい言葉など存在しない。どんな言葉を使おうと、それは大きな問題ではない。問題は話の内容が明快であるかどうかだ。こちらのメッセージをほんとうに理解してもらうには、しっかりと聞いてもらうこと、活発に頭をはたらかせてもらうことがカギなのである。

聞きかたの三段階

会話でこちらが話をしているときの相手の精神活動は、つぎの三段階にわけることができる。

1　話を聞いていない

相手はこちらの話をまったく聞いていない。目線を離さず、合い間合い間にうなずき、「そうですね」「なるほど」「まったくそのとおりです」と相づちを打ち、どこから見ても熱心に聞いているように見えても、まったく聞いていない。

2　聞き流している

とりあえず聞いてはいる。いきなり話を中断して、いま言ったことをおぼえているかとたずねれば、直前の文章を一つか二つくらいは復唱できるだろう。ただし聞いたことを理解しようという気はない。話が終わると同時にすべて跡形もなく消えてなくなる。

3　聞いて考えている

こちらが言ったことについて〝考えて〟いる状態。考えるという作業は精神活動である――どんな内容であるかを判断し、ほかのなにかと比較し、原因を分析し、結果を推測し、ときにはなんらかの決断をする。このレベルで聞いていれば、相手の言うことをほんとうに理解しているといえる。たがいにこのレベルに達していなければ、会話で意見を交換していることにはならない。交互にしゃべっているだけだ。

忘れてはならないのは、いま会話している相手と自分とはあらゆる点でちがっているということだ。経験、価値観、知識の蓄積、ものごとの見かた、ひとつとして同じものはない。さらに、同じことを表現するのにまったくべつの言葉を使うかもしれない。相手の言うことを理解するには、相手の言葉で表現されたものをいったん自分の言葉になおして考える必要がある。

言葉を受け止めただけでは理解したことにはならない。その内容にふさわしいイメージができあがったときに、理解したといえる。

相手の考えを聞き、それに具体的なイメージを与えることで人はようやく理解できる。それは相手の考えを自分に引き寄せて考え、自分の状況にフィットさせ、当事者の立場に身を置いて実感することなのである。

聞き手は思考をしたがらない

ある目的のために思考するにはそれなりのエネルギーが必要だ。頭をはたらかせて問題を解決するとなれば破綻のない論理を組み立てなくてはならない。しかも現実に可能な案でなければならない。

そんなたいへんなことをするよりも、気持ちのおもむくままに思いをめぐらせたり、目標を達成して報酬を手にすることを夢見たり、復讐を夢想したり、悲劇のヒーローとして運命をまっとうするところを想像したりするほうがはるかに楽しい。

ここまで奔放に空想の羽を広げないとしても、他人の問題について考えるよりは自分自身のことをつらつらと考えてしまう、それが自然だ。

べつの言いかたをすれば、**相手の話を聞いて考えるという状態は不自然なのである。**頭をからっぽにしたり、好きなことを考えたりしているほうが楽なのだ。

そこまで極端ではなくても、相手の言葉を聞いて考えようという気にはなかなかならない。せいぜい相手の言葉を聞き流すといった程度だろう。思考に必要なエネルギーは自分のことを考えるためにとっておこうということになる。

自分の考えを表明し、それについて相手が考えるように刺激を与える

ある話題についてこちらの考えを述べ、さらに相手にも考えてもらうためにはどうしたらよいのだろうか。話し手の責任は自説を言葉で表現して伝えるだけではない。どれほど理路整然と明確かつ適切に伝えたとしても、それだけでは足りない。その程度では相手の頭ははたらいてくれない。

もう一歩進んで**相手がそれについて思考するようにしむける**、そこまでが話し手の役割である。

相手になにかを売りたいときには、商品説明だけで終わっては仕事を果たしたことにはならない。上手に説明して注文を受け付けますといっても、まだ足りない。

相手が自分の頭でセールスポイントを一つひとつ検討する、それがゴールだ。

そこまではたらきかけなければ言葉のやりとりだけで終わってしまい、伝えたいことがほんとうに相手に届いたとは言えないのである。

質問をして相手の思考を刺激する

こちらが述べたことについて相手が考えるようにしむけるには、質問をうまく使えばよい。

第3章では情報を引き出すための質問のテクニックを紹介した。対照的にここで紹介するのは相手を刺激して考えてもらうための質問だ。

つまり言ったことを相手に理解してもらうことが目的であり、相手の考えをあきらかにすることが目的ではない。**こちらの考えを相手の頭に植えつけるための質問である**。

会話で質問をうまく使いこなせば問題解決への道がひらける。自分あるいは他人の感情を見つめなおし、考えるきっかけとなる。質問によって頭が活発にうごきはじめる。

科学の研究を成功させるには、自然という対象に対し的確な質問を設定できるかどうかがカギとなる。その質問に対する回答を出すために科学的な実験をおこなうのである。だからもっともクリエイティブな部分は質問を考える部分と言えるかもしれない。それしだいで自然の秘密を解き明かすことができるかどうかが決まるのだ。

質問とは情報をリクエストすることである。リクエストにこたえるためには、受け身の状態から能動的な状態になる必要がある。漫然と聞いているのではなく、自分の頭をはたらかせて思考しなくてはならない。頭のなかで回答をさがしたり新しく回答をつくり出したりする。さらにそれを言葉にして伝える。つまりいま話したばかりのことについて相手に質問したら、相手はこちらの言った内容について考えざるを得ないということだ。

おぼえておいてほしい。自分の考えていることを相手に言うだけではわかってもらったことにはならない。**こちらが言ったことについて相手が頭をはたらかせ、反応を見せたら、ようやく目標達成だ**。それを促すために質問をする。具体的にどんな質問をすればよいのか、つぎの例を見てみよう。

上司から部下への建設的な批判である。

「トム、きみが提出した報告書についてすこし話をしたい。どれを読んでも現場でなにが起きているのか、さっぱり見えてこないのだよ。読んで途方に暮れてしまった。頭のなかは疑問だらけだ。報告書にはきみの見解が書かれている。が、なにを基盤とした見解なのかはあきらかになっていない。たとえば、ある報告書ではきみの部署の人間の士気が低いと書いてある。その根拠はどこにあるのかね？　不満を言う者が多いのか？　退職者が出ているのか？　それから機械を新しくしたら前よりも効率が落ちたときみは書いている。効率が落ちたとはどういう意味なのかね？　故障が増えたのか？　処理能力が下がったのか？　使いかたが前の機械よりむずかしいのか？　きみがくだしている判断の根拠となるものが知りたいのだよ。今後はきちんとそこまで書いてもらいたいね」

はたして部下は上司の言うことを受け入れるだろうか。

部下が頭をはたらかせて聞いていなければ、きっと無理だ。上司の意見に同意していない可能性もある。一方的に批判されていると思って反発をおぼえているかもしれない。そういう心境であれば、相手の助言について考えてみようなどという気にはならないだろう。あるいは上司の言葉に黙ってうなずき、そのまま立ち去るかもしれない。

もしも上司がつぎのように部下との会話を進めていたらどうだろう。相手に確実に意図が伝わったと確信できたはずだ。

上司「トム、きみが提出した報告書をじっくり読んでみたよ。きみの部署の様子はとても気になっているからね。ただ、どうもきみの言おうとしていることがよくわからないんだ。いまの部署の状態についてきみがどう考えているのかは書いてある。しかしそれを実証するものがどこにも書かれていない。意識してそうしているのかな？」

（上司は質問を投げかけて話を区切り、相手の反応をもとめる）

部下「報告書にくわしい事情が書かれていないとおっしゃっているのですね。報告するまでもないと判断したのです。要点だけを報告しようと思いました。目をとおさなくてはならない書類をたくさん抱えていらっしゃるでしょうから」

（部下は上司の発言の意図を理解していない、あるいは受け入れていない）

上司「要点だけをまとめて報告してくれたのはありがたいが、きみの見解を裏づける事実を書いてもらう必要はあるね。たとえば最近の報告書できみの部署の士気が落ちていると書いてあった。なにを根拠にそう判断しているのだろうか。たとえば退職率が高い、不満が多すぎる、欠勤が多いなどと指摘してくれなくては、ただ士気が低いと言われても具体的にどういう意味なのかがわからない。はたして深刻な危機なのか、それとも通常の範囲内でたまたま停滞しているだけなのか、判断のしようがない。根拠が書いてあれば判断材料となるし、きみの意図が明確になる。ただ士気が低いと書くよりも、具体的な説明を添えてくれればずっとわかりやすくなると思うが、どうだい？」

（上司は最初に部下のいいぶんに理解を示す。それから例を出し——ひじょうに効果がある——最後に質問を投げかけて、相手の反応を待つ）

部下「たしかにおっしゃるとおりかもしれません。しかし士気が低いなどという言葉は誰にでも通じると思いましたから。それにわたしはあの部署のトップです。そのわたしの判断を信頼してくださるものと考えていました。報告書を書くのにあまり時間をとられたくないのです。ほかにもやるべき仕事はたくさんありますから。それにさきほど申し上げたとおり、細かなことまでお耳に入れる必要はないだろうと判断したのです」
（部下はまだ上司の批判を受け入れていない）
上司「トム、きみの判断はじゅうぶんに信頼している、だからきみをあの部署のトップに据えているのだからね。ただね、士気が低いという言葉は人によって受け取りかたがまったくちがう。ちょっと立場を入れ替えて考えてみようじゃないか。たとえばわたしがきみに、部下をしっかり監督していないと言ったとしよう。監督という言葉は誰でも知っている。しかし、きみがそう言われる立場に置かれたらどうだろう。なにを根拠にそう言われているのか、知りたいとは思わないかい？」
（上司は立場を入れ替えて話をしている――これは視点を変えて考えるにはたいへん有効なテクニックである。そして質問を投げかけて反応を待つ）
部下「ええ、きっとそうでしょうね。わたしのどんな点を指してそう言われているのか、知りたいと思います」
上司「そりゃあそうだろう。では、それはきみがわたしの判断を信頼していないという意味になるだろうか？」
部下「いいえ。ただもっと正確に知りたいから質問するだけです」
上司「そうだね、わたしもまったく同じだよ」
部下「おっしゃる意味がわかりました。今後はもっと具体的に書くようにこころがけます」

上司の質問を受けて部下は焦点となっている問題について考える。その結果、部下は自分が思いちがいをしていたこと、上司に反発をおぼえていたことを自覚した。上司はそこで逆の立場からこの問題について考えてみようと提案した。一見、遠まわりのようだが、じつは効率的で説得力がある方法だ。最後にはたがいの気持ちが通じ合い、会話の目的は達成された。

新しい考えかたを取り入れると、人の気持ちは変わる

人はさまざまな経験をしながら、自分なりの考えかたやものの見かたを身につけてゆく。長年つちかってきた感覚ははきなれた靴のようにぴったりとフィットして、快適そのものだ。まさにしっくりくるという感じである。

ここまで自分と一体化してしまうと、そうかんたんに捨てることはできない。新しいものの見かたや考えかたをしようとすると、どうも違和感がある。なんだかぴったりとこない。これまでの安心感が消え、自分が自分ではないように感じてしまう。これではたまらない、やはりいままでのままでいよう。これまではそれで万事うまくいっていたのだから。新しい考えかたやものの見かたはたしかに魅力的だが、なに、明日になれば色あせてしま

うかもしれない。あえて冒険する必要などない。

人の気持ちは理屈ではうごかない。これまでの考えかたを捨てて新しい考えかたに切り替えましょうと説得されても、はいそうですかとはいかない。

洋服を売るベテラン販売員に聞いてみればよい。人は試着して気に入ったものでなければ買おうとはしない。

同じように、自分の気持ちにぴったりフィットすると納得しなければ、人は新しい考えかたを取り入れようとはしないのである。

人の考えかたを変えようとして失敗するケースは多い。失敗の原因は、提案した考えかたを「試着」してもらえなかったからだ。たいていの人は相手にわたそうとするもの——考えかた——に全神経を集中させる。非の打ち所がない完璧な品質と魅力をそなえていると胸を張って差し出す。が、そう思えるのはそれが自分になじんだもの——考えかた——だからである。差し出された側、つまり聞き手は距離を置いて眺めているので、さほど魅力的だとは思わない。これならいままでの自分の考えかたのほうがいいと思っている。

服の試着にたとえれば、いったん相手の考えかたを脱がせ、こちらの考えかたを試着させなければならない。見た目ではなく着心地で判断してもらうのである。

相手に新しい考えかたを提案するのは、ちょうどお客に服を見せるようなものだ。相手は一瞥をくれるだけで、とくに興味を示さない。つぎに試着してもらう。新しい考えかたはしっくりくるのかどうかを感じてもらう。もしも快適であれば、これまでの考えかたを捨てて新しい考えに切り替えてくれるだろう。だがひとつだけ問題がある。どうやって試着してもらえばいいのだろうか？

相手がこちらの考えについて話すようにしむける

会話をしているときに、自分の考えを述べる。すると、聞く側は傍観者のまなざしでその考えを眺める。頭のなかのスクリーンに流れてゆく映像をすわったまま眺めているような感じだ。耳に入った言葉をもとに描いたイメージを人ごとのように見ている。感嘆したりおもしろがったり反発をおぼえたりするかもしれないが、あくまでも距離を置いている。

では人に言われたことを自分の思考に取り込んだ状態とはどういうものか。自分の言葉で考えている状態、たとえていえば試着して着心地を確かめるようなものだ。使い勝手はいいだろうか、これで自分はどんなふうに変わるだろうかと思い、手に入れるかどうかを判断する。そのための最初のステップは、提供された考えを話題にすることである。

話題にするときには相手が使った言葉をくりかえすのではなく、慣れ親しんだ自分の言葉に翻訳して表現する。そうすればこれまでの自分の考えになじむかどうかがわかる。また、相手の考えを自分の言葉になおすには、意味を抽出し、その感触を味わい、本質を理解するという作業が必要だ。

あなたがある考えを述べ、会話の相手がそれを自分の言葉に置き換えて話題にすれば、あなたの考えを認めますというサインである。相手はあなたの考えをいったん自分のなかに取り込み、自分の思考や感覚として味わっている。ただ、その際に両者が抱くイメージは完全には重なっていない。受け取った時点で相手は肉づけしているはずだ。経験も感受性もちがうふたりの人間がひとつの考えをそっくり同じように理解することはないのである。

会話の相手にある考えを述べ、相手がそれを自分のものとして味わってみたり、使ってみたり、あるいは拒絶反応を示したりすれば、たしかに相手はその考えを理解したということである。そこまでいかなければ、いくら話しても、イメージを提供しても、気持ちの通い合い、心と心のぶつかり合いとはいえない。ただ交互に言葉をかわしているだけだ。

実際の会話の場面で確かめてみればよい。あなたが、あるいは誰かが、自分の考えを述べているのに聞き手がそれを話題にしなければ、理解していないというサインである。

目的に沿った質問をする

人の考えを変えようとするのであれば、上手に質問することだ。理路整然と説得するよりもよほど効き目がある。おそらく人間が会話をはじめたころから、人は質問というテクニックを使ってうまく相手の思考を誘導していたはずだ。それを芸術の域にまで高めて名声を得たのがソクラテスである。

ある目的にむかって人の思考を誘導してゆくには、一つひとつ質問を積み重ねて相手を納得させなければならない。脈絡のない質問を投げかけても効果はない。たいせつなのは、なぜこの質問をする必要があるのかを考えて質問することである。

質問を活用すれば人の思考をうごかせるという例を見てみよう。営業部長と部下が面談をしている場面だ。どうやら部下の営業成績はふるわないようである。すこしばかり雑談をかわした後、上司は本題に入る。

上司「ボブ、きみの販売成績について話をしたいんだが。ここ三カ月間、売り上げが落ちているね。なにが原因なのか、ふたりで話し合ってみないか」

部下「わたしには思い当たる理由はありません。お客さまがわが社の製品をあまり買わなくなった、としか言いようがないのです。どこも景気が悪いのだと思います」

（部下は遠まわしに、売り上げが落ちたのはお客さまのほうに原因があると言っている）

上司「景気は決して悪くはないはずだ。きみの受け持ち地域の事情もあるだろうが、いい機会だからきみの仕事のやりかたを見直してみてはどうだろうか」

（上司は譲歩して部下のいいぶんに耳を傾け、部下の意欲を損なわないようにする。その後で自分の考えを述べれば部下は受け入れやすい）

部下「わかりました。でもわたしはやるべきことはやっているつもりです」

（部下はやや保身の姿勢を見せる）

上司「では、くわしく見てゆこう。この半年間きみの報告書を見ていて気づいたのだが、新しい顧客の開拓にはほとんど時間を割いていないね。固定客の訪問に時間のほぼすべてをかけている。どうだろう、新しい売り先を獲得することが大事だとは思わないかい？」

（上司はまず事実を指摘し、質問でしめくくり、相手の反応を待つ）

部下「たしかに大事なことだと思います。ただわたしの担当区域はとても広くて、固定客をまわるだけで手一杯なのです。サービスをおろそかにすれば競争相手にとられてしまいますし。いま確保している売り先を手放してしまったら元も子もありません。固定客の訪問に力を入れると、それだけで時間がなくなってしまうのです」

上司「ではその点についてもうすこしくわしく話してみよう。きみの報告書を見ると、一カ月のあいだに二度アクメ社を訪問しているね」

（上司はあくまで事実を述べ、暗に「なぜか」とたずねている）

部下「アクメ社はわたしにとっていちばんのお得意様です。あそこを失うのは大きな痛手ですよ。他社が激しい売り込みをかけているんです」

上司「むろんとられるわけにはいかない。どうだろう、アクメ社はわが社の対応に満足しているだろうか？」

（上司は部下の主張に同意し、ふたたび質問を投げかける）

部下「もちろんです。仕入れはほとんどわが社が握っていますし、わたしもあそこの社員とはうまくやっています」

上司「それはよかった。では聞くが、訪問回数をいまの月二回から一回に減らしたらどうなるだろうか？」

部下「さあ、わかりません。定期的にわたしが顔を出すことをあちらはよろこんでいます」

上司「そうだな、きみはよくやってくれている。相手先はわが社の製品を気に入っているし、きみ自身もしっかりと人間関係を築いているわけだ。どうだろうね、売り上げが減る可能性はあるだろうか？」

部下「いや、それはないと思います」

上司「それなら、月に一度はべつの会社を訪問できるね。そうだろう？」

部下「ええ、おっしゃりたいことはわかります」

上司「さて、きみの報告書を読むかぎり、ナショナル社は二カ月に一度しか訪問していないようだが」

部下「あそことの取引額はアクメの四分の一に過ぎません」

上司「そのとおりだ。しかし今後取引の額が増える可能性はアクメ社よりも高いのではないかな。いまはその大部分をライバルに持って行かれているわけだが」

部下「そうですね。どうしてもあそこにはあれ以上食い込めなくて」

上司「そうか。訪問回数を増やしてみたらどうだろうね。取引が伸びる余地はあるのだから、うまく結果につながるのではないかな？」

部下「なにをおっしゃりたいのか、わかります。ほかの取引先への訪問回数も見直しをしたほうがよさそうです」

上司「すばらしい提案だ。具体的なプランを聞かせてくれないか」

（この質問の目的は、部下にプランを明確にさせることである)

部下「得意先のうち、相手の取引のすべてあるいは大部分をわが社が占めている先への訪問回数を減らせるかどうかを検討してみます。それから今後取引高が大きくなる可能性のある相手、そして新規の顧客を開拓するための訪問をふやします」

上司「上出来だ。きみの売り上げ実績もアップするにちがいない」

（上司は前むきに考えて案を出した部下にねぎらいの言葉をかける）

会話の一区切りごとに上司は部下に質問をして、部下が自分で考えるようにはたらきかけている。相手を責めるような話しかたや自分の考えを押しつけるような言いかたを避けている。自分の考えを一つずつ述べて、そのたびに部下に質問を投げかけた。これは部下に考えさせるためである。

つまり部下が反発しないで素直に上司の考えを取り込み、それについて検討するように巧みに誘導している。

カギとなったのは、目的に合った適切な質問である。おかげで上司は部下と気持ちを通い合わせることができた。

質問することで主導権を握る

質問とは相手に思考を促すためのものである。こちらですと相手が進むべき方向を示して、考えてもらうことである。この課題について考えてくださいとリクエストする、それが質問だ。

質問はかならずしも疑問形をとらない。

たとえば「昨夜のパーティーではあなたにお目にかかれると思っていましたよ」は、〝なぜ昨夜のパーティーに出席していなかったのですか？〟という質問である。また、「あなたがどうお考えになるかはわかりませんが、わたしの考えとしては――」という出だしの文章は例外なく、〝これについてあなたはどう思いますか？〟とたずねている。

自分と相手の意見がちがうかもしれない、という場合には、それとなく質問をからめて、相手が意見を述べるようにはたらきかける。たとえば「ハリーは冷酷で利己的な人物に見られていますが、基本的には礼儀もわきまえた、こころのあたたかい人だといまでもわたしは思っています」という発言は、あなたはこれに賛成ですか反対ですかという問いかけでもある。発言の最後に、あなたはどう思いますか、という無言の問いかけがぶらさがっている。こういう無言の問いかけも、これについて考えてくださいと相手を促しているのである。

質問のスタイルはさまざまなので、ひと目ではわからないこともある。相手に依存しているように見えたり、情報やアドバイスをもとめているように見えたり、権威ある人物の発言に耳を傾けているように見えたりする。が、水面下では会話の主導権を握り、相手の思考を誘導している。

質問は頭のはたらきを刺激する。ラジオやテレビでこれほどクイズ番組が流行る（はやる）のはなぜか。それはわたしたちが質問という刺激を好むからである。そういえば、あの有名なセリフ、〝生きるべきか、死ぬべきか〟も問いかけではないか。

なにかを聞かれて頭をはたらかせることは心地よい。人間とはそんなものらしい。なにか有益なことのために頭をはたらかせたいという欲求がわたしたちにあり、質問は格好の

〝なにか〟を与えてくれるというわけだ。

つぎの例は、営業マンが客先で商談をしている場面である。営業マンは質問をうまく利用して主導権を握る。

営業マン「実験の結果から、わが社の製品は競合他社のもっとも有力な製品よりも一五パーセント長持ちすることがわかりました。ほかの製品とくらべると、さらに差がつきます。しかし、価格はまったく変わりません。ですから、わが社の製品を使っていただければ節約につながります。経費の削減について関心はおありですか？」

担当者「そりゃあ、ありますとも。なるべく無駄遣いしたくないですからね。ですが、いま製品を変更すると、現場が混乱するでしょうな。社員も現在の製品に慣れていますし。まあ、いまの製品でとりあえず事足りているというところですな」

営業マン「事足りているとおっしゃいましたが、トラブルとは無縁という意味ですか？」

担当者「小さなトラブルは時々ありますが、深刻なものはありませんね。ものごとに完璧はあり得ませんから」

営業マン「そうですね、たしかに完璧はあり得ないでしょう。しかしわたしどもはトラブルを最小限に食い止めるために努力しています。これまで具体的にどのようなトラブルがありましたか？」

担当者「たいしたことではありません。ああそうそう、最近記録を見直したところ、商品寿命が意外に短いことに気づきました」
営業マン「どのくらいですか？」
担当者「およそ三カ月です」
営業マン「三カ月ですか。通常より一カ月も短いですね。わが社の製品は四カ月持ちます。長持ちする製品に変えようというお考えはありませんか？」
担当者「そりゃあ、もう。ですがね、それだけで決めるわけにもいかないのですよ。だいいち、これはわが社の製品のごく小さな部品です。それにいまさら手順を変えるのも大変です。作業工程の見直しが必要になりますからね。現場のスタッフが混乱して面倒なことになったら困ります」
営業マン「現場の混乱を避けたいというお気持ちはよくわかります。ですが、ほんとうに混乱するでしょうか？　現在の商品はいつごろから使っていますか？」
担当者「ええと、三年ほど前からです」
営業マン「では三年ほど前にはべつのメーカーから現在のメーカーへの切り替えがおこなわれた、そうですね？」
担当者「ええそのとおりです。でも、それが何か？」
営業マン「その当時のことを教えてください。切り替えのときにはどれくらいトラブルが発生したのでしょうか？」
担当者「おぼえているかぎり、じっさいのトラブルはありませんでした。一度か二度、不都合があって誰かが新製品のせいにしましたが、すぐに不都合は解消されました」
営業マン「それではじっさいには起こりそうにないトラブルを怖れて二五パーセントも割高の製品を買っているのではありませんか？」
担当者「なるほど、現場のスタッフから文句が出るのではないかと少々心配し過ぎていたようです。率直に言いまして、商品寿命が短いことは気になっていました。でもトラブルを防ぐためには我慢するしかないと思っていたんです。お宅の製品のサンプルをいただきたいですね。性能を試してみましょう」
営業マンは的を射た質問をして、最初から最後まで会話の主導権を握っている。まずは質問で担当者を刺激。担当者は能動的に考えようという態勢になる。つづく質問で担当者に自分がいかに理屈に合わないことを言っているのかを気づかせた。こうして無事、サンプルのオーダーに漕ぎつけた。

•

質問を習慣にする

質問はとても便利に使うことができる。情報収集はもちろんのこと、質問することで相手の見解をはっきりさせたり、同意を引き出したりすることができる。相手の思考を活発にさせて誘導してゆける。

人に質問するとは、あなたの考えていることを言葉にしてくださいとリクエストすることである。考えを言葉で述べるには、考えを明確にしなくてはならない。すると、この思考は妥当なものかどうかがあきらかになる。隠れていた弱点が表面化する。

たとえばあるアイデアを提案する。相手に「このアイデアがあなたのためになると実感できたら、賛成してもらえますか?」と聞けば、相手はイエスかノーかをこたえなくてはならなくなる。イエスかノーかを決めるには、提案について考えなくてはならない。つまり自分の意思が明確になる。これはたがいの気持ちを通じ合わせるための一歩である。

会話で質問する習慣をつけよう。なにかを教えてもらうために、そして相手の思考を活性化させるために、とりわけあなたが述べたアイデアについて考えてもらうために。

相手になにかを伝えたいときには、ただ自分の思いを言葉にするだけでは不十分である。わたしの考えをあなたはどう思いますか、と反応を見る。必要な情報をわたしておしまいではない。相手の思考を刺激しなくてはならない。質問は相手の思考に刺激を与えるものなのである。

この人を説得したいという場合、念入りに質問を組み立てる必要がある。まず〝相手を納得させるために必要な情報〟を考えてみる。そして相手からその情報を引き出すために質問をする。めざす情報を得たところでさらに質問する。すると相手は説得に応じるかどうか、態度を決める。

質問をする習慣がつくと会話の情報量が増えて、おたがいの思考が刺激を受けて活発なものとなる。

第9章　相手の抵抗にどう対処するか

反論は手ごたえありのサイン

誰かを説得してこちらの考えを受け入れてもらうには、避けてとおれない関門がある。それは相手の抵抗だ。これまでの考えを捨てるのは、たやすいことではない。だから抵抗や反発が起きる。

たとえあなたの言葉に耳をかたむけ、内容を理解し、言ったとおりに実行したとしても、相手は考えを変えていないかもしれない。すべてはあなたをよろこばせるためなのであって、あなたの考えに賛同しているとはかぎらない。

新しい考えを取り入れるには、これまでの考えかたや、それにまつわるもろもろのことを整理して新しい考えを無理なくフィットさせなくてはならない。その作業をやれという圧力がかかると、人はある種の反発をおぼえるものだ。

相手がもともと白紙の状態であれば、いくらでもこちらの考えを受け入れてくれるだろう。が、それはあり得ない。人は誰でもなんにつけても自分の見解をもっている。あらためて口には出さなくても、自分の意見がある。その根拠となるさまざまな考えや思いがある。

たとえばある人に年に一度の健康診断を受けるように説得する。相手はうなずき、それはよい考えだと賛成する。だが、いっこうに腰を上げようとはしないかもしれない。なにかが相手をひきとめているのだ。異常が見つかったらどうしようという心配があるのかもしれない。痛みも症状もないのだから悪いところなどあるはずがないと思っているのかもしれない。病院での検査という言葉から不快な連想をして尻込みしているのかもしれない。費用や時間がもったいないと思っているのかもしれない。

では、なぜ健康診断の誘いを断らないのだろうか。それは争いたくないと思っているからだ。理屈では自分の負けだとわかっているからだ。常日頃から合理的な行動を好む人であれば、断るという矛盾した行動は避けたい。だからあえて反論しないで、あくまでも賛成の態度をとる。

つまりリップサービスである。表面上は相手のいいぶんに納得したように見せて、そのまま話題を打ち切る。事実上の交渉決裂である。

逆に相手がノーと表明し反論してくれれば、まだ説得の余地はある。こちらが言ったことに反応ありということだ。こころのどこかで共感する部分があるのかもしれない。と同時に、言いなりになるまいという気持ちもあるのだろう。

相手が抵抗し、こちらの考えを変えさせようと反論してくるのは、少しは見込みがあるというサインである。こちらの主張はたしかに相手に受け止められている。相手は持論に疑問を抱いている。が、それでも反論する。心の奥底では理屈に合っていないと気づいていながら、反論することで自分自身を言いくるめようとしている。こういう場合は交渉の余地がある。たとえ反発という形でも、相手は反応している。それは相手の内面で起きている葛藤のサインである。

相手があっさり同意した場合は、行動に移すように念を押す

相手を説得しようと自分の考えを述べたら、すんなりと相手が同意した。あまりにもスムーズでかえって相手の本心が見えないという場合は、相手に強く念押しすることを忘れないように。

ふつう強く念押しするといえば、反発する相手を説得するためと思いがちだが、**素直に同意する相手だからこそ念押しする必要がある。**

こちらの考えに対し相手が強硬に反対する場合は、そのままどんどん本音を引き出せば反論も出尽くす。ところが、あまりにもあっさりと相手が同意した場合は、用心したほう

がいい。ことしだいによっては相手を挑発してみる。すると奥に隠れていた反発が顔をのぞかせる。

具体的な方法としては、相手に実行を迫る。さきほどの健康診断の例では、相手が同意を示したら即座に、いつどこで健診を受けるつもりなのかを確認する。相手が時間と場所まではっきりと言えば、まちがいなく説得に成功したと判断してよい。だがいらだちを見せたり話題を変えたりしたがるようであれば、要注意だ。ひょっとしたらまだひっかかっていることがあるのではないか、だからいらだつのではないか、それはなぜなのかと遠回しにたずねてみる。

ただ、くれぐれもおぼえておいてほしい。こうして相手に迫れば、相手が逃げる可能性がおおいにある。それでも敢えて迫る必要があるのかと自分に問いかけてみてほしい。相手を追いつめてまでこちらの意思を通す意味があるのだろうか、もしかしたら意地になっているだけで、本当は必要ないのではないか。

相手にとっては大きなお世話という場合もある。健康診断をすすめるのであれば、提案するだけでじゅうぶんなのかもしれない。それ以上は押しつけがましくない程度に促すくらいでよいのかもしれない。すべては状況しだいである。

管理職が部下を指導する場合は、部下に指示を徹底させることが管理職としての責任である。部下から反発があれば、その原因をつきとめ部下を納得させなくてはならない。

部下があまりにもかんたんに指示に従うなら、具体的な行動プランまで詰めるという形での念押しが必要になるだろう。

営業マンはお客さまからの反論に全力で立ち向かうべきだ。相手に買ってもらうことが仕事だからである。売り込みをしたらお客さまからあっさりオーケーが出たという場合には、すかさず注文をとるべきだ。そこで相手が煮え切らない態度をとれば、その原因をさぐる。

なぜすぐに注文が出せないのか？　すこし時間が必要だというこたえが返ってきたら、いつはっきりするのかとたずねる。そこでふたたび煮え切らない返事がかえってきたら、さらに相手の本音をさぐる。このように具体的に一つひとつ押さえてゆくことで説得に応じてもらう可能性をひろげる。

内面の葛藤が強い反発を引き起こす可能性がある

わたしたちは誰しも葛藤に苦しむ。こころのなかでふたつの強い願望が対立している状態だ。

こちらにも行きたいがあちらにも行きたいという思いはわたしたちを不安にさせる。どちらかいっぽうを選ぶことでもういっぽうを失ってしまうという不安だ。どちらかを選んでしまえば、もう片方はあきらめなくてはならない。

ではそのままの状態でいられるかというと、それは無理だ。じっとしていれば両方ともあきらめなくてはならない。しかたなくどちらかにちかづいてゆくと、もういっぽうが遠ざかる。不安がつのる。ほんとうにあきらめていいのだろうか。そこで進行方向を変え、もういっぽうにむかって進む。するとふたたび不安に襲われる。こうしてこころを決められないまま右往左往しなにも達成できない。最終的に決断をくだすまで、葛藤を抱えたませりあがってくる不安に耐えなければならない。

さて、ある人物にある行動を提案し、説得が功を奏して相手もその気になった。ただし、新しい案はその人物のそれまでの考えとはかけ離れたものである。説得されたといっても、いままでの考えが消えたわけではない。

するとこの人物は葛藤に苦しむことになる。

新しい案を実行するか、それともいままでの方向でやっていくか。じつは両方をやりたいというのが本音である。

放っておけば、その人物はふたつの選択肢のあいだで迷いに迷うだろう。そういうときにどちらかいっぽうをすすめれば、相手はにわかに不安をおぼえる。もうひとつの選択肢から無理矢理引き離されるように感じてかたくなに抵抗するだろう。

すすめられたままに行動しようとする自分に腹を立て、そう促す相手に腹を立てる。そのため声が大きくなったり、早口になったり、あれこれ理由をあげて自分を正当化したりするかもしれない。いきなり話を打ち切ってしまうかもしれない。

こういう激しい反発は、提案を受け入れたいという思いの裏返しである可能性が高い。シェークスピアもまさに同じことを指摘している。「あの妃はあまりにも強く反対し過ぎる」(『ハムレット』)。話に乗ってみたいと思うからことさら反発する、というわけである。

激しい反発には冷静に応じる

相手からの激しい反論は内面に葛藤があるというサインである。むきになって説得しても相手の葛藤は解消されない。かえってかたくなにさせてしまう。どちらかを選べば後悔することが見えているからだ。

こういう状況ではいったん引き下がるのが賢明だ。それで相手の反発は消える。そしてもとの不安な心地に逆戻りする。いっとき不安がやわらいでいたのは、反論にエネルギーをそそぐあまり葛藤が消えていたからである。自分の葛藤にむきあわず、いらだちを外にむけることができたのだ。

こちらが引き下がれば、相手はふたたびふたつの方向に引き裂かれる自分自身とむきあわなくてはならない。抵抗しているあいだ、新しい提案は分が悪かった。中立的な状況にもどったとたん、皮肉なことに新しい提案は存在感を増す。

新しい提案をした側にとっては望ましい形勢である。このまま押して優勢に立ちたいという誘惑にかられる。が、そこは辛抱である。あくまでもニュートラルに、客観的な態度を保つ。相手の立場に立って持論を批判し、それに対する反論を相手にしてもらう。つまり一時的に立場を交換してみる。

賛否両論が出そろったところで、相手に評価をくだしてもらう。相手を尊重する態度をとれば、相手もきっと同じ態度をとってくれるだろう。

こうして徐々に核心に迫ってゆくとともに、感情的で理屈に合わない要素は一つひとつ消え、反発はやわらいでゆく。不安な気持ちが消えるのである。たがいの立場に立って相手の考えの利点を点検することで、相手は新しい提案になじんでゆくはずだ。いままでの考えよりも新しい考えのほうがよいと実感すれば、おそらく取り入れる気になる。どちらに転んでも、不安やいらだちといった感情にかられてくだした判断ではなく、客観的な判断となる。

理にかなった反論と非合理的な反論

ふたりの人間の意見が対立した場合、自分の主張をするだけではすまなくなる。たいていは相手の意見への反論が出てくる。

反論という行為は幼児期にすでにはじまっている。子どもは親の言いつけに逆らい、先生の決めた規則に逆らい、仲間の提案に逆らい、やがて成長すれば仕事上の要求に逆らい、伴侶の願いに逆らい、社会の慣習に逆らう、といった調子だ。

反発は行動パターンとして定着しやすい。どんな状況でもとりあえず反発することが習慣となってしまうのである。

といっても程度はさまざま。強くあらわれる人もいれば、そうでもない人もいる。重症になると、ありとあらゆることに反発するようになる。

意見をたたかわせる場合は、合理的な根拠に立った発言とそうではない発言がまじる。おたがいの考えかたのちがい、価値観や好みのちがいなどから出てきた発言は本題に関係があるので合理的と言えるだろう。が、本題とは無関係に、ただただ反論したい、負けたくない、こわい、という気持ちから出てくる発言がまじることがある。するといっそう対立の度合いが深まる。

営業マンが顧客にプレゼンテーションをおこない、それに相手が反発した場合、プレゼンテーションの内容に不満があるとはかぎらない。営業マンが大企業の社員で、エリート嫌いの相手はその一点が気にくわないのかもしれない。

反発したい、抵抗したいという気持ちはいろいろな場面で頭をもたげる。指示を与えられたり規則で縛られていたりすると、むくむくと反抗心が湧いてくることも多い。自由を奪われたり、なにかに従えと強制されたりすることに嫌悪を感じるのだ。また事実はどうであれ、この人の言うことなら納得するが、あの人の言うことは素直に聞けない、ということもある。

怒りは反発心をあおり、逆に満足した状態のときには相手の言うことを受け入れやすい。だから賢い妻は夫が夕飯を食べて満腹になったところをみはからって要求を持ち出す。**要するに、意見がちがうから反発するとはかぎらないのである。**たまたまそのときに、抵抗したい、反発したいという願望を抑えきれなくなっただけなのかもしれない。それが一見、会話の相手への反発に見えるだけなのだ。

相手が筋のとおらない抵抗をする場合

こちらの主張に相手が反発する場合、はたして純粋に意見がちがうから反発しているのか、そうではないのかを見きわめなくてはならない。それしだいでとるべき態度は変わってくる。

意見のちがいから反発しているのであれば、たがいの主張を検討し、それはどのような価値観のちがいから出ているのかをさぐる。

相手の主張に一貫性があるなら、かんたんに折れることはないだろう。それどころか相手の主張がしっかりしていればいるほど、こちらが不利になる可能性もある。

いっぽう意見のちがいとはべつの理由で相手が反発している場合、たがいの主張内容を検討しても意味はない。**ほんとうの理由はべつのところにある。**

面とむかって言えない理由から、あるいは相手自身もよくわからないまま反発しているのである。

変わることを怖れているだけなのかもしれない。新しい考えを受け入れたいがいままでの考えを捨てたくないという葛藤に苦しんでいるのかもしれない。自分に影響を与えようとする相手が憎らしい、あるいは個人的にこちらを嫌っているのかもしれない。

これではたがいの意見のちがいを検討しても無駄である。相手の反発は意見のちがいとはまったくべつのところから出ているのである。

このような場合は、相手の反発がはたして意見のくいちがいから出ているのか、それとも無関係のところから出ているのかをまず確認しなくてはならない。

会話の内容とは無関係の反発であることを示す五つのサイン

1　猛烈である

ある意見に過剰に反発する場合、いま自分が置かれた状況が不快でたまらないというサインである。抑えきれない激しい思いが猛烈な反発という形でおもてにあらわれる。

内面に葛藤を抱えているのかもしれない。新しい考えを取り入れてみたいが、そういう自分が許せない。両方に引き裂かれているのかもしれない。激しい反発の矛先は会話の相手と自分自身にむいているのである。

猛烈な反発の正体は、おかどちがいの怒りの発散、会話の相手への個人的な反感という場合もある。会話の本題とは無関係と考えたほうがよさそうだ。

2　聞く耳をもたない

なにを言っても応じない、ただひたすら抵抗している。相手がそういう態度を示す場合は、なにか理由があって自分の立場を変えたくないというサインである。

新しい情報を取り入れれば最高の結論に到達できるのに、そうしようとしない。それはいまの状態が個人的に都合がよいからである。これもまた本題とは無関係な抵抗とみなすことができる。

3 一貫性がない

本題とは無関係なことを持ち出して反論するのは、正当な根拠に欠けているというサインである。真正面から反論をしないであらぬことを持ち出したり意味のないことを言い募ったりする場合は、ほんとうの理由が伏せられていると判断してよい。

人はより強い動機にひっぱられて行動する。動機が弱すぎて行動と釣り合わない場合は隠された動機があるはずだ。相手がちぐはぐな反論を持ち出したら、本題とはべつの理由が隠れているということだ。

4 正当化する

反論の論理に無理がある場合、やはりなにか隠れた動機があると見てよい。ことさら自分のいいぶんを正当化し、相手のいいぶんをまちがいと決めつける、推測や願望をまるで事実であるかのように語る、屁理屈を使って自分の立場を擁護する。こういう場合は、なにかべつの動機が隠れている。筋はとおらないがとても強力な動機にちがいない。

本題にかかわる正当な反論であれば、言えない事情があったとしても、なんらかの形でそれを伝えようとするはずだ。

5　反論がころころ変わる

ある意見に反対する理由がころころと変わる場合、ほんとうの理由がべつにあると考えてよい。

反論の内容が本音ならば、それに対する相手の反応を真剣に受け止めるはずだ。つまり相手の言葉を自分の言葉に置き換えていったん頭に入れる。そしてじっくり考えて相手がなにを言おうとしているのかを確実につかもうとする。

わたしたちは自分の見解をいさぎよく撤回することがなかなかできない。どこからどう見ても考えを変えたほうがよい、それだけの根拠がある、説明もつく、という場合でも、人は一足飛びに考えをひるがえすことに躊躇する。頭のなかで徹底的に吟味したがる。これは正しい判断なのだと確信できるまでじゅうぶんに考えようとする。石橋を叩いて確かめながら新しい見解を取り入れるのである。

では反論に対する反論が出たらすぐに撤回してべつの反論を出す、という場合はどうだろうか。最初の反論はあきらかに本音ではない。いったん口にした意見をあっさり捨てたのは、相手の言葉に納得したからではない。こだわっていなかったからである。

もしも持論にこだわっているなら、それに対する相手の意見をよくよく検討するはずだ。自分の言葉に置き換え、自分の考えを述べ、納得すれば自分の考えを手放すだろう。とはいえ持論を取り下げるにはそれなりに葛藤があり、決していさぎよくはなれない。こうした葛藤こそ、ほんとうの意味で相手の考えを取り入れたというサインなのである。

あなたがある人物を説得しようとして意見を述べたところ、相手が反論してきた。相手の反論が必要以上に感情的、筋道がとおらない、こちらの考えをまともに受け取ろうとしないという場合は**思いきって路線を変えるべきだ**。このまま話を進めても、永久に平行線をたどるばかりである。

筋のとおらない反論にどう対処するか

筋道のとおった論理、いわば正攻法で相手が反論してきたら論理的な説得が効く。たがいの主張を検討して、どちらのほうがメリットが大きいのかを判断すればよい。相手の反論よりも説得力のある主張ができれば、納得させることができる。決め手に欠けるようであれば、弾薬を補給して再度説得する、あるいは降参する。どちらかを選ぶことになるだろう。

しかし相手が頑として考えを変えない理由はほかにもある。それはかならずしも相手の反論に分があり、こちらのいいぶんが弱いからとはかぎらない。好みや価値観、ものごとの優先順位がちがうのかもしれない。**こちらの主張が相手に伝わらないのは主張の中身が**

問題なのではなく、それ以前の価値観の問題である、とも考えられる。

たとえばある人物にベンチャーへの投資をもちかけたとする。ハイリスク・ハイリターンだがこれだけの素晴らしい利益が見込めるといくら説いても、相手が安全を重視している人物であれば、投資には応じないだろう。すすめる側はリスクをとってこそ高額の報酬を得る可能性があるという考えの持ち主であるのに対し、相手は利回りが低くても安全な投資に満足している。どちらが正しいとは言えない。個人の価値観の問題である。期待できる利益を重視するか、安全性を重視するかのちがいに過ぎない。

これに対し、なぜ相手が反発するのかまったく手がかりがない、という場合がある。つまり筋のとおらない反論である。本音がまったく見えてこない。論理的な話し合いを受けつけようとしない。あらゆる手を打って説得をしても通じない。こういう反発に対処するには理屈をぶつけても跳ね返されるだけだ。その前に踏むべきステップがある。

筋のとおらない反発に対処するための三つの方法

1　相手に理解を示す

多かれ少なかれ、わたしたちは理屈に合わないことをしたり言ったりする。それを自覚するのは嫌なものだ。

どっとこみあげる不安、うしろめたい気分を味わうのがこわい。こわいものだから、ふだんは悪事——カードでイカサマをはたらく、財布を盗む、食事の勘定書を人に押しつける——に手を染めたりしない人たちが、すすんでペテンをはたらく。そう、理屈に合わない考えを隠蔽しようとするのだ。

ここでは理屈に合わない不合理な言動の正体をさぐり、わたしたちがそれを怖れる理由について考えてみよう。

わたしたちを不合理な言動に走らせる原因は自分たちの内側にある。外部の状況とは関係ない。結果などいっさい考えずに、その瞬間にやりたいことをやるのである。通常であれば自分の内面と自分を取り巻く状況をバランスよく考慮してうごくが、このときばかりは自分の欲求だけに忠実になる。

親切にしたい、寛容でいたい、与えたい、助けたいという衝動。罪のない快楽の追求——太りそうなデザートを食べたい、かわいい女の子にむかって口笛を吹きたい、新しい帽子を買いたい、新しい釣り竿を買いたい——も内側からの衝動だ。

すこしスケールが大きくなると、山に登りたい、旅行したい、セックスがしたいなどといった快楽の追求もある。危ないところでは、詐欺をはたらきたい、強盗をしたい、倒錯的な性行為をしたい、人を殺したいといった衝動もある。

人の内面はまさになんでもありの世界なのである。だが、わたしたちはその衝動をコントロールして社会的に認められる形で表現することができる。これなら許される、こうすべきだ、こんなことをしたら傷つくぞと理性が語りかけてくるのである。

自制心がはたらくかぎり、衝動のままに行動してトラブルを起こす心配はない。自制心で衝動をコントロールできるという自信があればなにも怖れることはない。しかし衝動が強まり自制心では抑え切れなくなりそうになると、にわかに不安が押し寄せ、警報ブザーが鳴る。

ではこうした不安が頭から離れなければどうだろう。自分は衝動をそのまま実行に移してしまうのではないか、もしかしたら無意識のうちに衝動に負けてしまうのではないかという思いに取り憑かれてしまったら、ほんのわずかな兆候にも怯え、不安が募るのではないだろうか。自分は理屈に合わない行動をしている、自制心がはたらかなくなっているのではないのか、このまま衝動の言いなりになってとんでもないことをしてしまうのではないかと怖ろしくなる。

そうなると、ほんのわずかな破綻でも見逃さず、危険な事態の幕開けだと思い込んでしまう。その思いに耐えきれず、自分の気持ちを封じ込めるために言動を正当化しようとする。ちょっとした気まぐれといったレベルの行動でも強引に理屈をこじつけてしまうのである。

人は衝動にかられてやってしまったことをもっともらしく正当化する。かと思えば衝動そのものを否定するような極端な言動に走ったりもする。

たとえば、人をコントロールしたい、支配したいという衝動をもっている人物がいるとしよう。その人物はどういう態度をとるか。人間の判断力はあてにならないからやるべきことを指示して管理すべきだなどとこじつけるかもしれない。あるいは人を支配したいという自分の衝動を否定しようとするあまり、ひたすら他人に従順になり誰に対してもノーと言えなくなるかもしれない。

人が本音を悟られまいとして抵抗——猛烈に反発する、聞く耳をもたない、一貫性がない反論、正当化する、ころころ変わる反論——する場合、どうすれば相手の本音を知ることができるのだろうか？　そのこたえは、あせらず気負わず相手を緊張させないようにして核心に迫る、である。

こじつけを暴いて隠れた衝動をむき出しにする、というアプローチはまちがっている。そんなことをすれば、相手は不安になったり腹を立て、あげくのはては感情にまかせて反撃してくるだろう。そうなれば会話そのものが——ひょっとしたら人間関係も——破綻してしまう。それよりもゆっくりと相手に気づいてもらう。

時間をかけてほんのすこしずつ。自分の本音といきなり対面させるのではなく、徐々に慣れてゆくようにする。いきなり暗闇に入ったり明るいところに出たりしたときに目が徐々に慣れてゆくように。不快なにおいも、慣れれば感じなくなる。新しい環境に入った当初は不便でしかたなかったことが、やがて気にならなくなるものだ。

あなたを理解しましょう、受け入れましょうという姿勢をこちらが見せれば、相手は自分の不合理な部分を出しやすくなる。こちらの平静な態度を見て、勇気を出して本音をあきらかにしてくれるはずだ。ありのままを言葉で伝えようとするだろう。だが口にしたことがことごとく分析され判断をくだされる、などとすこしでも感じたら、とたんにバリケードを築いてしまうだろう。だから相手の誤解を招くようなそぶりを見せてはならない。

反対意見にあったら、あなたの言うことを受け入れますとまず伝える。それは単にあなたの言うことに耳を貸しますという意味ではない。また、相手の考えに同意することでもない。

相手の立場を受け入れるとは、相手がどう感じているのかを理解し、それを尊重することだ。

もともとこちらの感じかたを押しつけることが目的ではない。わたしならこうする、と提案するだけであり、なにを選ぶかは相手にまかせる。相手と自分の考えの優劣を競うのではなく、いちばんしっくりくるものを選んでもらえばよい。

こちらはこちらの考えを提供し、相手がそれを気に入れば取り入れる。選択権は相手にある。

衝動にかられた言動を理屈で正当化したとしても、あるいは衝動を抑え周囲の状況に配慮した分別のある行動をとったとしても、衝動そのものがなくなるわけではない。あえてそれを無視しようとすると衝動は出口をもとめてくすぶりつづけ、わたしたちを心穏やかにさせてくれない。

相手の立場を受け入れるとは、どんな理屈も内側に抱える厄介な衝動も、まるごと受け止めるということだ。わたしはあなたを責める気はないという態度を示せば、相手は思いきって本音をさらすことができる。

あなたの気持ちをわかりたい、理解したいという思いをこちらが伝えれば、それを受けて、相手にもこちらに共感したいという気持ちが湧いてくるだろう。

つぎの例を見てみよう。まもなく手術を受ける予定の友人が、手術の不安を訴えている。そういう相手に、なにも心配することはないよと言葉をかけても、たいした慰めにはならない。それではまるで、心配をすること自体を否定しているようなものだ。それよりもつぎのような言葉をかければ相手を安心させることができるのではないか。

「手術のことが心配なのはよくわかる。手術を目前に控えているのは、気分のいいことではないからね。僕もきっときみと同じように不安な気持ちになるだろうな」

相手はもうすこしくわしく心配の中身を話してくれるかもしれない。話すことで人は心配から解放され、こころにのしかかる不快なプレッシャーから解放される。

たとえば手術をする理由、主治医の見解をたずねてみる。相手はそれにこたえることで、不安から逃れることができる。それからこんなふうに話しかけてみてはどうだろうか。

「僕が聞いた話では、現代の技術水準ならこの手術はとても安全にできるそうだ。だからきみが案ずるほどのことはないと思うよ。こういうときは悪いほうへ悪いほうへ考えがちだけど、案ずるより産むが易しと言うじゃないか」

相手の不安を受容し、相手の言葉を受け止めている。そんなのは取り越し苦労だなどと片づけていない。

もうひとつ例をあげてみよう。ある従業員がたいへんな剣幕で上司の部屋にずかずか入ってくる。

「冗談じゃないですよ。ジョー・ウォルターズはわたしと同じ業務をしているのに、年収がわたしより一万ドルも多いっていうじゃありませんか。いま初めて知りましたよ。こんな仕打ちをされるなんて、もううんざりです。人をバカにするにもほどがある」

部下の言動には筋のとおっていない部分がある。なぜジョー・ウォルターズのほうが年収が高いのかと上司にたずねていない。たずねたら、納得のゆく理由が出てくるかもしれない。彼はそれを知りたくないのだ。

上司はさっそく給与のちがいについて説明をはじめるよりも、まず従業員の怒りを受容したほうがよい。たとえばこんな言葉をかける。

「給与の額のちがいについてきみが腹を立てているのはよくわかった。ウォルターズよりも少ないのは、会社がきみに支給すべきものを支給していないと考えているのだね？」

上司の言葉で部下の怒りはすこしやわらぐだろう。自分の気持ちをわかってもらえている、自分の怒りを理解してくれていると感じる。この上司は自分を傷つけたりはしないだろうと思う。部下はつぎのようにこたえるのではないか。

「ええそのとおりです。わたしもウォルターズと同額の給与をもらう資格があるのではないでしょうか。彼と同じ業務を担当しているのですから」

質問という形をとっているので、上司の説明を受け入れる余裕はあるということだ。ここでようやく上司は理由を説明する。あるいは、その件について調べることを約束する。

相手に反発されたときには、一般的な方法としては、まずあなたの感情を受け止めますという意思表示をする。同時に、あなたの考えはこうですねと確認する。たいせつなのは、**相手の感情をそのまま受け止めるということ**。

人の感情を理屈で解釈することはできない。あなたが怒るのはつじつまが合わない、そんな心配をすべきではない、幸せを感じないのはおかしいなどと決めつけてもなんにもならない。それよりも相手の感情と意見を分けて、それぞれに合った対処をすることだ。論理的に説得する際には、相手の意見だけを対象にする。

2　反発していることを自覚してもらう

人は自分でも気づかないまま相手に反発しているケースがよくある。なにを言われても耳を貸さない、言われたことに反応しないという形で。

たとえば商談をしても相手が話に乗ってこない場合を見てみよう。ほとんど発言しない、つまり情報を提供しようとしない。営業マンがいくら説明してもリアクションがない。賛成も反対もしない。

言葉ではなく態度で、この話には乗りたくないと意思表示をしている。営業マンにはフラストレーションがたまる状況だ。あきらかに相手と意思疎通ができていないからである。

沈黙という形で抵抗されるのはつらいものだ。相手がなにも言わない以上、言葉ではたらきかける糸口が見つからない。だが相手のなかに反発したいという気持ちがあるのは確かだ。そんな場合は、あなたのその気持ちを受け入れましょうという姿勢を見せてみる。こちらの姿勢が伝われば、相手の態度は変わるはずだ。話に応じ、情報を提供し、質問をするだろう。

もしかしたら商談相手には営業マンに抵抗しているという自覚がないのかもしれない。いっさい意思表示をしていないのだから、これは抵抗ではないと自分では思っているのかもしれない。しかし反応しないという時点で、すでにりっぱな抵抗なのである。

相手の気持ちが変わらない以上、営業マンは思いきって話のもっていきかたを変えるべきである。抵抗していることを相手に自覚させる。その抵抗の裏には論理的に説明のつかない動機があると気づかせる。

ただしダイレクトに告げるべきではない。面とむかってあなたの言動は筋がとおっていないと指摘すれば、相手を怒らせるだけだ。自分はなにも発言していない、なにを根拠にそのようなことを言うのかと抗議するだろう。

理屈としては合っているのだが、なにも言わないという態度で商談相手はじゅうぶんに意思表示をしているのである。

無理なく自覚してもらうには、つぎのような方法もある。

「わが社の製品についてわたしと話をするのは気が進まないようですね。もしかしたら、わが社、あるいはわたしになにか失礼があったのでしょうか」

営業マンは相手の気持ちに寄り添おうとしている。それを冷たくあしらうことはできないはずだ。自分がこれまで非協力的な態度をとっていたことに気づくだろう。営業マンの言葉は暗に説明をもとめている。

相手はかたくなに抵抗をつづけるかもしれない。が、あらためて自分の感情を分析してみる可能性のほうが高い。そこでようやく本題とは関係のないことで腹を立てている自分に気づく。

怒りの原因が営業マンではないとわかれば、積極的に商談に参加しようという気持ちになるだろう。営業マンとの話し合いのなかでお客さまの本音が出てくるかもしれない。営業マンの意見を積極的に検討する可能性はじゅうぶんにある。

3　反論を相手とともに検証する

あからさまに反発しているのにその理由を言わない、あるいは賛成できないとしか言わない相手にはどう対処すればいいのだろうか。

相手はなにかを隠しているのだから、それをたずねてみる。**まず反発していることを相手に自覚させ、さらに理由を引き出すのである。**

たとえばこのように聞いてみる。「ほんとうのところはどのようにお考えですか?」「賛成できない理由についてもっとくわしく聞かせてください」「反対の理由はどこにあるのでしょう?」

理由が出てくれば、今度はそれをじっくり検討する。くわしく分析してみれば、あんがい重要なことではないかもしれない。まったく見当はずれかもしれない。相手のいいぶんとこちらの主張を比較検討し、どちらに分があるのかを検証する。相手の反論はどこまで検証に耐えられるのかを見る。

ところが相手の反論をくわしく検討することを避け、適当なところで切り上げてしまう人が多い。これでは相手の本音がつかめないまま、ただ持論をくりかえすだけになってしまう。

とことん検討することをためらうのはなぜか。

それは、相手のいいぶんを長々と話題にしたら、劣勢に立たされるのではないかと怖れるからである。

だがそれはたいていは取り越し苦労である。じっさいはくわしく話し合うほど相手のいいぶんから感情的なバイアスが取り除かれてゆき、合理的な部分だけが残る。

相手に気持ちを変えてもらうには、ただ正論をくりかえしても効果はない。相手がこちらの提案と持論を比較検討して納得しないかぎり、気持ちは変わらないのだ。だからこそ、どうしても相手のいいぶんをくわしく検証してなぜ反発するのかを明確にしなくてはならない。

相手が反論をおもてに出さなければ、こちらからそうしむける。

こちらの考えを主張し、相手に決断を迫るのはその後だ。やみくもにこちらの考えをくりかえすだけでは、相手を納得させることはできない。それがわからずに失敗するケースは跡を絶たない。意見を押しつけるだけで相手の考えを変えようとするのは無理だ。

相手にはたらきかけて相手の考えを明確にさせる必要がある。考えが明確にならなければ、こちらの考えと置き換えてもらうことはできない。

誰かにある行動をとるようにすすめる。それは負担が大き過ぎると相手が難色を示す。そのときにはこちらの提案のメリットを強調するのではなく、具体的にどんな負担がかかるのかをあきらかにするほうが効果がある。

負担の正体についてくわしく話し合ううちに、じつは心配するほどの負担ではないと思い直してくれるかもしれない。すると相手の反論の根拠は弱まり、こちらの提案を受け入れてくれる可能性が高くなる。

ある営業マンが小売店のバイヤーに新しい商品の売り込みをしている。バイヤーは過剰な在庫を抱えていることを理由に応じようとしない。それに新しい商品にあまり魅力を感じないと言う。バイヤーは予防線を張り、営業マンがいくら商品のメリットを説明しても受けつけない。この予防線をどうにかしなければ説得はできない。

バイヤーにむかって「過剰な在庫とは具体的にどういうことですか」とたずねるのは、ひとつの方法だ。絶対にこれ以上在庫を増やせないのか、それとも動きの鈍い商品を抱え込むのではないかと心配しているのか？　回転の早い新商品があると説明して相手が納得すれば、すこし買おうという気になるだろうか。それとも在庫がすこしでもはけてわずかずつ売り上げが立つほうを選ぶだろうか？

じっさいに在庫が超過していて、これ以上商品を受け入れられないから新しい提案に応じられないのかもしれない。が、過剰な在庫を抱え込んでしまった自分への腹立たしい思いがあるから、必要以上に営業マンに反発したのかもしれない。おまえのせいだ、とばかりに。けれど過剰在庫は営業マンのせいではないかもしれない。仮に在庫の一部あるいはすべてが営業マンの売った商品であったとしても、理屈からいえば新しい提案とそれとは無関係である。バイヤーは新しい提案のメリットだけを考えて判断すべきである。

バイヤーが「おたくのせいで大弱りですよ。こういつも大量に引き受けさせられたのでは、とてもさばき切れやしない」と言って怒りを言葉にすれば、しめたもの。バイヤーを促してさらに感情を吐き出してもらう。それに対する反論はさしはさまない。バイヤーが自分の気持ちを話せば話すほど、営業マンの提案に反発しようというエネルギーは発散されて減ってゆく。

人が反発を示すときには理屈に合わない動機が紛れ込んでいることがめずらしくない。これは頭に入れておいてほしい。なぜ反発するのかを深く話し合ううちに、理屈に合わない動機、つまり本題とは無関係の動機はしだいに弱まってゆく。逆に本来の理由は決してパワーを失わない。これこそが本当に検討すべき重要な理由だ。**くわしい検証に耐えられない動機は、おもてに出て光を浴びたとたんに消えてしまうのである。**残るのは根拠のある理由だけであり、反発のパワーはそれに見合ったレベルにまで下がっている。

むろん、その状態でも頑として相手が主張を変えようとしないケースもある。なにを言ってもダメという場合もある。しかし反発には本題とは無縁の動機、つまり筋のとおらない理由がまじっていることが少なくない。その部分が取り除かれれば、こちらの主張はとおりやすくなる。

反論に対処する際のキーポイント

いままでの内容をまとめてみよう。

こちらの主張に反発する相手には、あなたの気持ちに寄り添いたい、理解したいと伝え、あなたはこう考えているのですねとフィードバックする。あなたの言いたいことはわかりましたと知らせる。そして相手がなぜ反発しているのか、その理由を時間をかけて解き明かす。

相手がこちらの主張に形ばかり賛成するが話には乗ってこない場合、ほんとうに賛成しているのかどうかを確認するために念押しする。もしも相手がそれをかわそうとすれば、相手の考えをくわしくたずね、隠された本音を引き出す。

相手が猛烈に反発する場合は、追いつめない。自分の主張はひとまず置き、客観的な態度で相手のいいぶんにはもっともな点があると認める。相手は自分の主張を認めてもらうことで、逆にこちらの主張のもっともな点を認めようという気になるはずだ。さらに一歩進んで、たがいの立場を交換しこちらが言いたいことを相手に要約してもらうという手もある。

聞く耳をもとうとしないという形で反発していることを自覚していない人には、それに気づかせるところからはじめる。相手に自覚させるだけではなく、その理由についてくわしく話をせざるを得ない状況にもってゆく。おもてに出ていなかった部分がすべてあきらかにならないかぎり、こちらのいいぶんは受け入れられないだろう。

相手がころころと反論の内容を変える場合は、肝心要の部分が隠されていると見てよい。

反論にまともにこたえても、相手はさらにちがう反論を出してくる。きりがない。それよりは相手に自覚を促す。反発するほんとうの理由から目をそらそうとしていることに気づかせる。たとえばこんな言葉をかけてみてはどうか。

「いまうかがった反論はどれも重要で、一つひとつ考慮しこたえてゆくべきだと考えています。が、ほかにもっと重要な理由があるのではないかという気がしてならないのですが」

ほんとうの理由を隠したいと思うあまり、否定する人も多い。だがいちばん重要な問題をきちんと話していないことにはたと気づき、たがいにわかりあうために話してくれるというケースもよくある。

だいたいの場合、相手から反発されたらその反発の中身をさぐってみる。理屈に合わない反発がまじっていれば、相手がそれを自覚し取り除くようにはたらきかける。そしてなぜこちらの主張を相手が受け入れようとしないのか、筋のとおった理由について論理的に対処してゆく。

第10章 発言の意図をつかむ

言葉は〝真実〟よりも〝反応〟をあらわす

ジョー・ジョーンズが通りを歩いていると、かわいい顔立ちのスタイルのよいブロンドの少女とすれちがった。ジョーは彼女が優雅な足取りで通り過ぎるのを目で追い、口笛を吹いた。そして隣にいる友人をこづいて声をあげた。「おい、なんてセクシーな娘だ！」

まるでその少女がセクシーさの発信源であるかのような言葉である。じっさいには、これは彼自身の性的興奮を言いあらわしている。少女がどんな状態であるのかをジョーが直接体験することは不可能だ。わかるのは少女に対する自分の反応だけである。それ以上のことは表現できない。

しかしジョーは性的興奮が少女の側にある、つまり彼女の一部だと信じて疑わない。彼女の姿を見た結果、自分の内部で性的興奮が起きているという事実がわかっていない。だからこのような言葉が出てくるのだが、その言葉を聞いた友人はそれをジョー自身の印象とは受け止めず、ジョーと同じ錯覚に陥ってしまいがちだ。

わたしたちもジョーのように、**ほんとうは自分の経験なのにあたかも客観的な事実であるかのように語る傾向がある。**これが原因で思考とコミュニケーションに大きなゆがみが生じる。

話すとき、そして人の話を聞くとき、わたしたちは言葉が伝えることを事実だとみなす。じっさいにあったこととして扱い、個人が経験したこととは受け取らない。事実と経験を見誤るのである。

言葉は観察したことを表現するよりも個人的な反応の表現に適している。いっぽう、数字は客観的な事実をより正確にあらわすことができる。人が自分の反応を言葉にするときには、完全に客観的な視点には立っていない。自分自身の思惑にひっぱられている。つまり正確な事実がゆがめられている。会話にもこうしたゆがみは容赦なく侵入し、事実についての正確な情報ではなく、ゆがめられた情報がやりとりされることとなる。

思考にこうしたゆがみをよせつけないためには、**じっさいに見たことと聞いたことと、自分の反応を分ける必要がある。**また人が伝える情報を正確に知るには、じっさいにあったこととそれに対する当人の思いを見分けなくてはならない。

第6章では相手に確認することで、相手が観察した事実と解釈を分ける方法を述べた。ここでは人の情報を正確に知る方法についてもうすこし考えてみよう。人には自分が観察した事実と自分の願望、期待、感情を融合させてしまおうとする性質がある。それに対処するテクニックについても紹介しよう。

思考をゆがめないための五つの方法

1　なにを前提に判断しようとしているのかを知る

人は同じ刺激を継続的に受けていると慣れてしまう。都会で暮らす人間は騒音に慣れっこになっているのでいっこうに気にならない。ところが田舎から来た人間は、こんなにうるさい所でよくも暮らしてゆけるものだと不思議に思う。逆に田舎で暮らしていると虫や鳥、カエルといった生き物が織りなす不協和音が気にならなくなる。けっきょく〝慣れていること、予想のつくことが標準となり、それから逸脱したものだけに気づく〟のである。

たとえば一六度という気温は一二月としては暖かいが、八月としては寒い。貧しい人にとっての〝高価〟と金持ちにとっての〝高価〟はかけ離れている。力持ちの人間がかんたんにこなせる作業でも力の弱い人には困難な作業である。

また強気な営業マンがあっさり注文をとれる客先が、気の弱い営業マンにとっては難物であったりする。するとその客先への売り込みについて話していても、気の弱い営業マンは不安でいっぱいの気持ちを、強気な営業マンは自信満々な気分を表現している。

部下に絶対服従を強いるワンマンな上司はある部下をトラブルメーカーと呼び、民主的な上司は同じ人物を仕事がやりやすい相手だと思う。どちらの評価も部下を客観的にとらえたものではない。それぞれの上司が抱く印象に過ぎない。

優秀な生徒ばかりのクラスを受け持っている教師は要求水準が高くなり、平均以上の成績をとっている生徒を劣等生だと決めつけるかもしれない。優秀な生徒のなかでやや見劣りするという理由で。ところが進度の遅いクラスを受け持つ教師から見れば、その生徒は輝いて見えるかもしれない。

ぎりぎりの予算しかないプロジェクトを担当する経営幹部は、ある出費をとんでもない浪費だとみなすかもしれない。が、もしも資金が潤沢にあれば、同じ出費でも当然の経費として支出を許可するだろう。

いつもわくわくするような刺激をもとめている人はある状況を退屈でおもしろくないと決めつけるかもしれないが、もっとおとなしく穏やかな人間にはその状況がおもしろくて刺激的だと感じられる。

味と匂いはその直前に味わったもの、嗅いだ匂いに影響される。嫌なにおいでもいい香りでも、ずっと嗅いでいればなんとも感じなくなるものだ。とても甘い食べ物の後に適度な甘さのものを食べると、じっさいよりも甘みが弱く感じられる。

折りにふれて過去をふりかえると自分が進歩を遂げたように感じられる。けれど先を見ると自分が停滞しているように感じてしまう。

営業マンが上司に、この案件はとても骨が折れましたと不満を述べたとする。それを聞いた上司は具体的にどういうことが起きたのかを確かめるべきだ。たぶん部下は上司から励ましの言葉を期待しているのだろう。骨が折れたと訴えているが、じつは売り込み先で思うような手応えが得られなかっただけなのかもしれない。受注できる見込みがないのにいかにも注文がとれそうだと報告する営業マンもいるだろう。やんわりと断られているのに気づかず、これは脈があると楽観的な見通しを立ててしまったケースである。

わたしたちのものの見かたは、さきざきへの見通しと願望、現在の心情に左右される。あるできごとを正確にとらえるには、事実をゆがませるこうした要素を排除しなくてはならない。

人は無意識のうちに、すべてが自分の願いどおりうまくゆく、自分に不都合なことはなにも起こらないはずと子どもじみた期待をする。こういう場合、自分の気に入らないことが起きると、誰かが故意に自分を陥れようとしていると邪推する。ものごとのルール、こうあるべきだという道筋が踏みにじられたように感じてしまうのである。

ものごとが自分の思うとおりにいかないのは邪魔をする人間がいるからにちがいないと思ってしまう。なにごとも自分の思いどおりにはゆかない、都合の悪いことも挫折も誰のせいでもないという事実を受け入れることができないのである。

たとえばあるレストランで出されたスプーンの汚れにお客が気づき、かんかんになった。人は自分に細心の注意を払ってくれて当たり前と信じているこのお客は、これにはウェイトレスか経営者の悪意がはたらいているにちがいないと勘ぐる。そこでウェイトレスを呼びつけて不手際を責める。お客はこれが単なる統計上の問題であることに気づいていない。ものごとのスケールが大きくなればなるほどエラーが生じる確率は高くなる。スプーンが一〇〇〇本あれば、汚れのあるものが紛れ込む可能性はでてくる。それがたまたま自分のところに配られることもある。そういうことをまったく考えていない。

そしてウェイトレスか誰か店の関係者が故意にやったと言って騒いでいる。当の本人も、まったくの偶然から誰かに不便を強いていることもあるはずなのだが、そのようには思わない。

じつはお客は本当はスプーンのことで怒っているのではない。ものごとが自分の願いどおりにはこばないから腹を立てている。自分に都合の悪いことは決して起こらない、すべては自分を中心にまわるという世界観を崩された憤りがスプーンの汚れがきっかけで吹き出したのである。これはおそらく積もり積もった怒りだろう。いつでもどこでも自分に都合のよいことばかりが起きるわけではない。それを受け入れられないばかりに怒りをため込んでしまうのだ。

このように**非現実的な期待を抱いていると事実をゆがめてとらえてしまう**。最初から注意を払っていれば、このゆがみを防ぐことができる。人のことを判断したり批判したりするときには、まず自分自身に問いかける。自分は相手になにを期待しているのだろうか。相手に対する期待を言葉にすれば、現実をゆがめてとらえずにすむ。

自分は多くを期待しすぎているな、ほとんどなにも期待していないな、と自分の状態をあらかじめ知っておけば、痛烈に批判しすぎたり、あまりにも甘い評価をつけてしまったりすることもない。

自分の願望を優先させると相手に過度な期待を押しつけることになる。できるなら相手の欠点を見たくないという気持ちが強いと、評価を甘くしてしまう。また最初から甘い評価をつけておけば、人を見る目がないという後悔に襲われずにすむ。

自分の考えを誰かに採用してもらおうとするときには、自分は相手にどんな反応を期待しているのか、それはなぜかと自問自答してみる。すると成功する可能性、そして効果的に売り込む方法が見えてくる。

ほかにも方法はある。いま自分はこの状態をこう見ているが、ほかの人の目にはどう見えるだろうかと自問自答してみる。いまとはちがう見かたがあるかどうかをさぐってみる。客観的な事実と期待を混同しないために。

たとえば、ふたりの子どもが同じ方向に走っているとする。ひとりはもうひとりの三メートルほど後ろを走っている。これを見てひとりがもうひとりを追いかけていると表現すれば、それはもう客観的事実ではない。個人的な印象が入っている。同じ情景をつぎのように言いあらわすこともできるはずだ。ふたりの子どもがどこかをめざして走っている。ひとりがもうひとりよりわずかに遅れているが、追いかけているわけではない。

ものごとを自分がどうとらえているのかをチェックする。

同じ状況をほかの言いかたで伝えることができるだろうかと考えてみる。もっとちがう言いかたがあるかもしれない。

そうやって表現を見直しながら、直接見たままを伝えるようにする。地道につづけてゆけば、客観的にものを見る習慣が身につく。

個人的な反応をつけ加えることが悪いというわけではない。しかしどこまでが客観的な事実を述べたもので、どこからが自分の解釈なのかを承知しておかなくてはならない。

2 数字になおす

ある状況を説明されたときには、修飾語に気をつける。じっさいの様子と、使われている修飾語にずれがないかどうかを見きわめる。

強い、耐久性がある、経済的だ、おいしい、望ましいという特徴の有無だけではない。どれくらい強いのか、どれくらい耐久性があるのか、どれくらい経済的なのか、どれくらいおいしいのか、どれくらい望ましいのかを確かめなくてはならない。どれくらいのレベルであるのかを知るために客観的な〝数字〟になおす。

あの人はいつも苦情ばかり言う、と誰かが言ったとする。

これでは、その人物がひっきりなしに苦情を言っているような印象を聞き手は受ける。それは事実とはまったくかけ離れているかもしれない。あの人はいつも苦情ばかり言う、と言った当人が苦情にオーバーに反応するたちなのかもしれない。だからよけいに苦情を強調してしまうのかもしれない。

こういう場合は過去三カ月のあいだにその人が何度苦情を言ってきたのか、それはどういう苦情だったのかをたずねてみる。じつは過去三カ月でわずか三回、しかも正当な根拠のある苦情だった、ということが判明するかもしれない。それでも言われた側には腹立たしかったというわけだ。

お客さまから営業マンにクレームがつくこともある。


「きみのところは納品がいつも遅い。商品がいつ届くのかわからないようでは、こっちは商売にならない」

営業マンがこれを額面どおり受け取ると、どうしても及び腰になる。いや当社にかぎって納期に遅れるようなことはありませんと形ばかり反論するのがやっとだろう。それよりもうまい方法がある。まず相手の気持ちに理解を示し、それから修飾語を〝数字〟になおす。

たとえばこのようにたずねてみる。

「前回は出荷が遅れてしまいご迷惑をおかけしてしまいました。この一年でわたしどもの出荷が遅れた回数を確認させていただけますか？」

一年で四回遅れたことが判明する。そのうち二度は三〇日後引き渡しの予定が一日だけ遅れた。そして一日の遅れは事実上なんの悪影響も及ぼさなかったと判明する、ということになるかもしれない。

生徒が教師に、宿題について不満をもらしたとする。多すぎて時間が足りない、だからできない、と。これにはおおいに生徒の主観が影響している。ほんとうは勉強したくない、だからかぎりなくゼロにちかくないかぎり、つねに宿題の量は多すぎると考えてしまうのである。教師は生徒のいいぶんを客観的な〝数字〟になおす必要がある。いまは宿題にどのくらい時間がかかっているのか、逆に宿題に割く時間はどれくらいが妥当だと考えているのかをたずねてみる。

得た情報は数字で表現する習慣をつける。これはこの人の主観にもとづいた情報なのだろうか？　それとも主観が混じらないありのままの事実なのだろうか？

たとえば、この就職希望者はこれまでたびたび転職していると誰かが言えば、それはあくまで言っている当人がたびたびと考えているだけである。たびたびという基準は、話し手と聞き手それぞれでちがう。それを無視していきなり自分の基準にあてはめてしまうと、思わぬ結論につながってしまう。たびたびという言葉の解釈にちがいがあるためだ。こういう場合は、何回転職したかをたずねる。六年間に四回という数字が出てきたら、それは誰の基準にもとらわれない事実である。

同様に、病気とはどの程度の症状なのか、遅いとはどれくらいの遅さを意味するのか、速いとはどれくらいの速さを意味するのか、長期的にお金が節約できるという場合の長期とはどのくらいの長さなのか、どのくらいの金額を指しているのかをはっきりさせる。

形容詞や副詞といった修飾語が出てきたら、できるだけ数字や単位などに置き換える。数字が得られない場合は、およその量で代用する。〝すぐに〟という言葉は使わず〝来週までに〟と言う。来週とは確約できない場合は〝おそらく〟という言葉を加える、あるいはもう一週間余裕をもたせる。

あの人は〝なんにでも反対する〟とは言わず、「彼になにかを頼むと、たいてい食ってかかってくる。なにかと理屈をつけて」と表現する。〝たいてい〟という言葉は明確な表現ではないが、ここではこれ以上くわしく言う必要はない。半分より多いと伝わればよいのである。

ある経営者がつぎのような提案を受けたとする。

「コンソリデーテッド社から購入する必要性はないと思います。あそこの価格は現在わが社が支払っている金額よりも高いのです。彼らのサービスがいくらすぐれていても、それは決め手にはなりません」

この文章の修飾語をすべて客観的な数字になおしてみる。

金額はいくら高いのか？　どういうサービスを提供しているのか？　現在の仕入れ先の営業マンや社員はどれくらいひんぱんに来社しているのか？　納品はどの程度正確なのか？　欠陥品の返品はどれくらいあるのか？　どちらのパッケージがいいのか？　さらにこの一つひとつの質問について、両者を比較検討する。どちらがどれくらいいいのか、どのくらいどちらが頻繁なのか？　そして、なにをどれだけ重視するのか？

現在の仕入れ先が一年間で二五回の納品のうち三回遅れたとする。この三回の遅延を思い出すといまでも腹が立つかもしれないが、それとは切り離してここで確認しなくてはならないのは、ほかのプラスの要素にくらべれば遅延の事実は取るに足らないものなのかどうかである。もちろんどれくらい遅れたのかを確かめる必要はある。

自分が与えたり受け取ったりする情報から主観的な要素をできるだけ取り除く。なにをどれくらいの回数、いつ、どこでという具体的な情報にする。確定できたところで、それがどれほどの意味をもつのか、じっさいにどれくらい重要なのかを自問自答してみる。

3 白か黒かで分けず、グレーゾーンのなかに位置づける

真実はたいていグレーゾーンのどこかにあるものだ。白黒つけてしまいたい身にはなんとも悩ましいことだが、白い部分と黒い部分は重なり合い、ものごとは部分的に真実で部分的に真実ではない。人はかならずしもイエス・ノーではこたえられない。正しい、正しくないとレッテルを貼るのが無理な場合がある。

この世のどんな特徴をとってみても、連続体のどこかに位置している。あるかないかではなく、そのあいだのあるレベルとして存在している。

ところがわたしたちはどうしても、あるかないかで考えてしまいがちだ。

強いか弱いか、経済的か不経済か、成功か失敗か、ポジティブかネガティブかといった表現をしたがる。だがこれでは、ある特徴が存在していると断言できないかぎり、まったく存在しないことになってしまう。ものごとをありのまま、適切な数値で表現するかわりに、わたしたちは無理矢理カテゴリーに分類してしまおうとする。

ある特徴について〝ほとんどない〟〝ちょうどよい〟〝多すぎる〟などと表現する。これ

はかならずしも悪いことではないのだが、**現実はこのように明確に分類できるものではない**という認識はもっておくべきだ。わたしたちはありもしない境界線を勝手に引いて強引に分類しているだけなのである。しかしこうして線引きすれば、自分の考えを整理し伝えやすくなるという利点がある。

問題は境界線だ。人によって線引きはばらばらである。〝強い〟と〝弱い〟、〝高価〟と〝廉価〟、〝強気〟と〝弱気〟、〝リスク〟と〝確実〟などの境界線をどこに引くのか、まったくそろっていない。

理屈としては一つひとつのカテゴリーのなかにも幅があり、連続体の一部にあたるはずなのだが、どうしてもカテゴリーそのものが一つの点としてみなされてしまう。たとえば金持ちと貧乏、実行可能と実行不可能などふたつのカテゴリーだけを設定すれば、〝ある程度は〟という連続体の部分は無視され、ふたつのカテゴリーが正反対であるかのようにあつかわれる。そしてたがいの意見のくいちがいが、そのまま対立という構図になってしまう。

ある営業マンが小売店のバイヤーと商談している。この商品は大々的に宣伝しているからきっとお客さまもほしがりますよと売り込む。するとバイヤーは「ほしがるお客さまがいたら説得して店にある商品を買ってもらう」と言って断ろうとする。このとき営業マンの思考は「バイヤーは顧客を説得できるだろうか、説得できないだろうか」という方向に進んでしまいがちだ。

顧客を説得して気持ちを変えるというバイヤーの言いかたは、ものごとの単純化につながる——白か黒かのどちらかしかない、つまりすべての顧客の気持ちを変えられるか、変えられないかのどちらかしかないと営業マンに思わせてしまう。

じっさいには顧客をひとりも説得できないという状態からすべての顧客を説得できる状態までの連続体なのである。

もっとも可能性が高いのは、顧客の一部だけを説得できる場合なのだが、バイヤーは連続体の中間地帯を無視してどちらかちかいほう、つまり全員を説得できるという言いかたをしている。

たしかに連続体に注目するよりもこちらのほうが楽だ。頭が怠けていられる。またバイヤーには顧客全員を説得したいという願望がある。その願望もまじえて、顧客を説得できるという表現をしたのだろう。

これに対し営業マンは連続体に光を当てなくてはならない。「大部分のお客さまの気持ちを変えることができるかもしれません。でも全員は無理でしょう。どれくらいのお客さまを説得できるとお考えですか？　一〇人中八人くらいでしょうか？」

二者択一的な思考に逃げ込んでいたバイヤーに対し、説得できる顧客の割合を客観的な数字としてあらわすように促す。こうすれば顧客を説得できない場合、つまり商品を買ってもらえない場合の損失を金額で示すことができる。さらに進めて、今回買わなかった顧客が二度と来店しない割合を数字で予測し、売上高への影響も数字であらわす。

白か黒かという表現が出たら、その中間地帯について考えてみる。一〇〇パーセント白とも黒とも言いきれない部分はないだろうかと考える。

たとえば広告をして新製品を成功させると誰かが言った場合、成功するかどうかを議論してもしかたない。それよりも成功するとはどういう意味か、どれくらいの広告が必要なのか、広告費一ドルにつきどれだけの利益が見込めるのか、投資するだけの価値があるのかとたずねてみる。するとこれだけの広告をすればこれだけ売り上げが見込めるから成功する、それ以外の場合には成功しないとわかるだろう。

かならずグレーゾーン――黒と白の入りまじった部分――をさがしてみることだ。現実はたいていグレーゾーンに位置している。白だ、あるいは黒だと断言する発言が相手から出れば、その反対を思い浮かべてみる。そして真実はそのあいだのどのあたりにあるのだろうかとさぐってみる。

むろん、ものごとをずばりと言い切れる場合もある。的確な一般化はまさに人類の知識のエッセンスであり、膨大なリサーチの結果を手間ひまかけて蒸留し、ようやく得た一滴と言える。

得た知識を的確に一般化することで人はさきざきの見通しを立て、環境を整えてきた。

すばらしい例はいくらでもある。

磁場を針金で遮断すると針金に電流が流れる。これが電気であり、電気を利用した照明、ラジオ、テレビ、モーター、発電機などあらゆる電気機器の発明につながった。

統治する者は統治される者の同意を得なくてはならない。これは民主主義である。

ある特定の条件の下で病原菌を体内に注入すると、体は抗体をつくってその病気とたたかい、その病気に対する免疫を獲得する。すなわち無数の命を救う予防接種である。

このような普遍的なものばかりではなく、わたしたちは日々、さまざまな場面でものごとを言い切っている。それがじつに便利なのでついつい頼ってしまう。

たとえ真実を言いあらわしていなくてもおかまいなしだ。つじつまが合っていなくても、まちがいだと証明されないかぎりまかりとおってしまうのである。

さきほどのバイヤーもそうだ。顧客が店にない商品を買いたがっても、説得してべつの商品を買わせてみせると言い切っている。自分では事態をコントロールできるつもりになっている。この場合、扱っていない商品をもとめる顧客を説得して店の商品を購入させる可能性は九〇パーセントと言いあらわせば、より正確な表現となったはずだ。しかし、それではあいまいさが残る。そのほかの一〇パーセントはどうなるのか。バイヤーはそこに触れたくない。だからすべてを一色に染めてしまう一般化という安易な方法――あたかも全員を説得できるような表現――をとったのである。

一〇〇パーセント断言できないことを一般化してしまうのは、この不確かな世界では危険な行為である。つねに例外という脅威につけ狙われる。これでよしと安心した瞬間、足元を崩されるかもしれない。混沌とした世界に秩序をつくろうとして安易にものごとを一般化し、かたっぱしから分類してゆくと、かえって混乱を引き起こしてしまう。知識は力である。**が、誤った知識は知識がゼロの状態よりも救いがない。**

まったく知識がなければなにが起きても対応できるように身構えているものだが、誤った知識の上にあぐらをかいてしまうと悲惨だ。起こるはずのない結果を期待し、緊張感のないまま、いきなり予想外の現実と向き合わなくてはならない。

ある営業担当の経営幹部から聞いた話だが、ある会社がおしきせのセールス・プレゼンテーション用のスピーチを作成したという。製品についてあらゆる情報を網羅したそのスピーチを営業マンたちは暗記し、客先で正確にしゃべった。案の定、営業マンと得意先との個人的な絆は弱まった。お客さまは営業マンの話をあまり熱心に聞かなくなり、営業マンのほうも相手から情報を引き出して分析しようという意欲が薄れ、以前のように得意先に合わせてプレゼンテーションに工夫をこらすこともなくなった。

その経営幹部によれば、その会社は大勢の営業マンを抱えていたそうだ。おしきせのセールス・プレゼンテーションを導入した結果、以前は好成績をあげていた営業マンは自分の裁量でやっていたときにくらべて成績が下がった。逆に成績が低迷していた営業マンは成績がアップした。平均すると、全体としての売上高はややアップしたという。

そこでその会社は、おしきせのセールス・プレゼンテーションによるセールスは営業マン一人ひとりの裁量にまかせるよりも効果的であるという結論を出したそうだ。

数字の裏づけもあり、もっともらしい結論のように見える。が、これはあくまでも営業マンの選抜方法と個々のスキルが以前のまま、という前提にもとづいた結論である。もしも選抜の方法が変わり、自分の頭で考え効果的なプレゼンテーションを編み出す能力のある営業マンが雇われればどうなるか。また研修をおこなって営業マンのコミュニケーションのスキルを高め、得意先の購買意欲を引き出すスキルを高めればどうなるか。おそらく売上高はふたたびアップし、おしきせのセールス・プレゼンテーションは見むきもされなくなるだろう。

4 頭から決めてかからず、一つひとつについて柔軟に考え正確に判断する

決断をくだすという行為を重荷に感じる人は多い。ひとつを選択すると、選択しなかったものがよく見えてくる。決断をまちがえれば、単にまちがえたというだけではすまない。自分が判断を誤ったという思いに苦しめられる。ミスが招く結果よりも、ミスを犯したという感情のほうが大きなダメージとなったりするからやっかいだ。

ミスを犯すことをとくに苦にする人はいちいち決断することを避けて、パターンをつくってしまおうとする。

いつ歯を磨けばいいのか、どのブランドの服を買えばいいのか、パートナーとの愛し合いかた、子どもへの言葉のかけかた、上司の指示に従うタイミングなど、いろいろなやりかたが考えられることをすべてパターン化して乗り切ろうとする。そのときどきの状況や自分の気持ちから判断するのではなく、あらゆるケースに適応できるようにルールを設定してそれに従うのである。正確な判断を捨てて安全を採るというわけだ。

しかしパターンどおりに収まってくれる場合ばかりではない。どちらとも言えない、というケースだ。こういう場合、杓子定規にルールを当てはめると、いちばん重要な要素を切り落としてしまうことになる。

会社が定める規定を例にとろう。経営陣は企業活動をスムーズに展開してゆくために社内規定を設ける。トラブルを未然に防ぐためだ。過去の経験をもとに予想を立て、〝想定できる〟状況に対応しようとする。つまり想定外の状況には適していない。無理に適用すれば損失につながる。あまりにもかたくなに規定にこだわると、想定外の状況が増えれば増えるほど損失が大きくなってゆく。

たとえばある会社の場合、営業社員は大学を卒業した者にかぎるという規定がある。さて、同社の営業部長が販売業務にふさわしい人材をもとめている。そこへ明るく積極的でとても感じのよい人物が応募してきた。この会社で営業の仕事がしたいと希望している。

だが彼の学歴は大学中退。営業部長は会社の規定を守り、彼の採用を見送った。ビジネスの担い手となる優秀な人材をみすみす逃してしまったのである。

全体として見れば、大卒の営業マンは大学を出ていない営業マンより優秀なのかもしれない。しかしあきらかに例外はある。営業マンは大卒者のみという規定さえなければ、目の肥えた営業部長は最強の営業集団をつくりあげることができるだろう。逆に人材を発掘する技量に欠けた営業部長は凡庸な営業マンしかそろえられないだろう。

個々のケースに応じて柔軟に対応せず、あくまでも平均値にこだわるのであれば、得をするのは技量の劣る営業部長のほうだ。有能な営業部長はせっかくの手腕を発揮できない。

一般的に企業の社内規定とは、経営陣が会社の隅々にまで自分たちの方針をゆきわたらせようとして作成するものだ。業務上予想される問題をあらかじめ整理し、適切な対処法を定めておく。

もしもすべてが想定した範囲内の問題であれば、規定は予想どおりの効果をあげる。だが現実には例外的なケースがあまりにも多い。あらかじめ線引きした部分からはみ出してしまうケースはどの規定でもカバーできず、適切な手続きが見つからない。無理にカバーしたとしても、それでは最善の対処法とは言えない。

現実と規定がくいちがう原因はほかにもある。現場の状況が時々刻々と変化しているためだ。経営陣のトップが新しい問題の報告を受け、じゅうぶんに検討して規定や手続きを修正するには時間がかかる。つまり、どうしてもタイムラグが生じる。現実に起きている問題に対し、最新の対処法を適用することができない。

このように想定外の問題に対処しきれない、あるいは変化への対応が遅いという問題があるにもかかわらず、企業が細かな規定や手続きを作成して社員に守らせるのは、現場で一人ひとりの判断に委ねるよりも効果があるだろうと経営陣が考えているからである。ではその方針を撤回してすべてを現場にまかせてしまえばよいではないか、という問題ではないのはあきらかだ。

社内規定や諸手続きはやはり必要なのである。

経営側は社員の行動を規定する一定のガイドラインを設け、同時にある程度まではかならず現場の判断に委ねる。しかし規定が細かくなればなるほど、現場の裁量権は小さくなり企業にとってもっとも貴重なはずの資源――現場の頭脳――が無駄になる。

だが現場が拙い判断しかできないと損失につながる。現場の状況に手続きが追いつかなければ、やはり損失が生じる。ならば損失を最小限に食い止めるために企業は規定と社員の判断のどちらに力を入れるべきなのか。ひとつだけはっきりしているのは、社内規定も現場での独立した判断も欠かせないということだ。問題はどちらに重点を置くか、である。

企業は現場の人間をじゅうぶん活用してきたと考えている場合が多いので、社内規定の整備に力を注ごうとする。が、それでは損失の原因が現場の拙い判断から融通のきかない社内規定に移るだけで、肝心の損失そのものを減らすことにはつながらない。

それならいっそ現場の判断力を伸ばすことに力を注いではどうだろうか。すぐれた思考能力を秘めている人材を確保し、磨きをかければよい。経営陣の狙いを可能なかぎり彼らに伝え、個々の状況をくわしく検証する能力をたたき込む。考えを深め、どう行動すればよいかという可能性をさぐり、最高の解決法に到達できるように教育する。そして自分の判断を自己チェックできるような仕組みを設ける。

彼らは現場の情報を時間差なしで入手できる。あらかじめ問題を想定しておく必要はない。個々の問題に応じた解決法を編み出すことができる。経営陣が現場の頭脳となる人材を選抜し伸ばし、彼らが自らうごき判断を下すというスタイルは、ただただ規定を守らせるよりもはるかに生産的ではないか。

原則として、どんな問題でも実態に即した判断をこころがける。これは事実をもとにして自分で一から築き上げた考えだろうかと再確認する。もしかしたら既存のパターンにあてはめて深く考えずに結論を出しているのかもしれない。

たとえば、太っている人間は陽気だ、大きな会社は官僚主義的だ、創業者の一族で会社の幹部になっている人物は自力では成功できない、などと思い込んではいないだろうか。また、あの人は自己中心的だ、怠惰だ、賢い、愚かだと言うとき、その人物の国籍、人種、宗教に影響されてはいないだろうか。

ものごとを判断するときには科学的な概念や個人的な経験から得た知識をおおいに利用すればよい。ただしそれが科学的裏づけのある概念、偏らない知識であることが大前提である。

また科学的な概念や個人的な経験から得た知識を利用する場合は、判断材料となる事実をできるだけつかみ、矛盾がないかどうかを見る。一致しない点があれば、軽々しく一般化して言い切るべきではない。

5　意見を述べるとき、誰かの意見を聞いたときには、裏づけをとる

筋のとおった結論を出すことはむずかしい。願望や感情がそれを阻もうとするからだ。**わたしたちの感情はとても巧みに願望を事実とすり替える。**事実にもとづく客観的な結論のつもりで、じつは自分に都合のよい結論を導き出してしまうのはそのためである。

そして自分なりに納得して出した結論については、あえて見直そうとはしない。はたして自分は事実を積み重ねてこの結論に到達したのか、それともこれは思い込みで固めた結論なのかと考えたりはしないのである。

ある男性ドライバーが道路で女性ドライバーと口論になり、自分をつぎのように正当化したらどうだろう。女性ドライバーは男性ドライバーよりも劣る。だから自分は正しく、相手はまちがっている、と。

また有名なスポーツマン（映画スターでもよい）はまちがったことなど言わないはず。だから彼が宣伝する銘柄のタバコを吸うことにしよう、というのも自分に都合のよい結論だ。

会社の採用面接では、見た目がよく身だしなみのよい応募者とさえない風貌の応募者では、前者のほうが知的、まじめ、誠実、勤勉というイメージをもたれやすい。心理学的にはこれをハロー効果（後光効果）と呼ぶ。ひとつの好ましい特徴を見て、それだけを根拠にほかの部分もすべて好ましいととらえてしまうことである。

また、人は嫌いな人物に関する悪い情報は頭から信じるが、長所にはなかなか目をむけたがらない。

誰かの発言が真実であるかどうかを判断するとき、発言そのものの信憑性よりも、誰がそれを主張しているかで判断してはいないだろうか？　自分と政治的立場がちかい人物が公共問題について発言をすれば、ほかの人間が言うよりも素直に同意するのではないだろうか？

会ったこともない著名人のことを、さもよく知っているように話すことはないだろうか？新聞やテレビから得た情報だけで勝手にイメージをつくりあげ、長所も短所も知り抜いているかのような口調で。

事実かどうかなどおかまいなく、人は好き勝手に考えて発言する。多すぎる荷物を置いていきたがるように事実を無視したがる。たしかに荷物がなければ身軽にすいすいと移動できる。そして事実に煩わされなければスピーディに結論を出せる。

たったひとつの例だけを根拠にしてなにかを言い切ってしまおうとするのは、事実よりも願望を重視しているあらわれである。その結果、わたしたちの周囲ではつぎのような思い込みに満ちた発言がぼろぼろ出てくる。

「運さえあれば株式市場で金を儲けられる。じつはわたしの知り合いが……」

「最近の医者ときたら金儲けしか頭にない。知り合いの女性が医者に診てもらったら……」

「教育は荒廃しています。ある日、息子のトミーが帰宅すると……」

わたしたちはなにかを考える際、事実をいちいち確認しようとしないで画一的なイメージにとらわれやすい。たとえば営業マンといえば声が大きくて押しが強く、ぺらぺらとよくしゃべり、なんでも経費で落とそうとする。話すことは下世話なことばかり、などとイメージしてしまう。しかしこのすべてが当てはまる営業マンという生き物がいるわけではない。ひとくちに営業マンといってもさまざまな資質の持ち主がいる。こうした資質を多少なりとも持ち合わせている者もいれば、洗練されて礼儀正しく、思慮深く、博識、少々遠慮がちといった資質をあわせもつ営業マンも大勢いる。

大学といえば凜とした雰囲気の場所を思い浮かべる人も多いだろう。しかしそれは思い込みというものだ。凜とした雰囲気の人間がいれば、そのような雰囲気になるだけのこと。じっさいに大学のキャンパスにいるのは、さまざまな感情――不安、罪悪感、恥ずかしさ、嫉妬、いらだち――を抱えて揺れうごく教授や学生たちである。

多くの芸術家は、ビジネスマンといえば美的センスに欠ける俗物だと思っているようだが、ビジネスマンにも芸術的な感性をそなえた知的な人物はいくらでもいる。たとえばデュポン社のクロフォード・グリーンワルト社長はハチドリの権威として名高い。そしてまたウォレス・スティーブンスは保険会社の副社長を務めながらアメリカきっての詩人として活躍していた。

いっぽうビジネスマンは芸術家、作家、ミュージシャンのことを自由奔放で社会の決まり事などどこ吹く風、自分だけの世界に生きているように見てしまいがちだ。ところが多くの芸術家、作家、ミュージシャンはよき家庭人であり、スポーツを楽しみ、株の売買だってする。

このような思い込みや決めつけは、ある種の鬱憤晴らしとも言える。ある人が医師、教育者、営業マン、芸術家一般を攻撃すれば、それはひそかにため込んでいた怒りの発散と見てよい。筋違いもいいところだ。また他人のアラを見つけてほんの少し優越感を抱く人も多いのである。

事実にもとづかない発言や決めつけに出合ったら、発言者の感情や願望が込められているものと解釈して割り引いて聞いたほうがよい。自分でなにかの結論をくだすときにも、感情や願望がまぎれ込んでいないかどうかをかならず確認する。

客観的に話をする

話をするときには、自分が伝えたいことが相手の頭のなかにそっくりそのままイメージとして浮かぶような言葉を選ぶ。

一〇〇〇ドルは誰にとっても一〇〇〇ドルだ。しかし〝大金〟となると、イメージするものは人それぞれちがう。だから明確な言葉を使うようにこころがける。効率がよい、長持ちする、あの人は正直である、という言葉は正確にはなにを意味しているのだろうか？　効率がよいとは、実際にはどの程度の利益が出ることなのか。長持ちするとは、どれくらい長く持つことなのか、同じような商品と比べるとどうなのか。なにを根拠にあの人は正直だと思うのか。

話を端折りすぎない、極端から極端に走って白か黒か、善か悪かを決めつけない、といったこともたいせつだ。

「誰も買わないだろう」という発言が出たら、その根拠はなにか、どういう人を想定しているのか、はたしてお客さまが一人残らず同じ行動をとるのだろうか、そうでなければどのくらいの割合のお客さまが買うだろうか、などを検討する。

自分の感情と自分を取り巻く現実を分けて考える。べつの仕事につけたら、よその町に住めたら、もう少しだけたくさんお金があったら、新しい家が買えたならきっと幸せになれる、などと思っている自分がいれば、それは現実逃避である。思考を切り替えて現実に沿って考えてみよう。

なにかを変えれば、ほんとうに幸せになれるだろうか。ちがう仕事についていた時期、いまよりもお金をもっていた時期、よその町で暮らしていた時期、べつの家に住んでいた時期を思い出してみる。はたして完璧に幸せな日々だっただろうか？

個々の発言がじつはなにを意味しているのかを吟味する習慣をつけよう。性急な判断をくださない。この人が言っていることにはどんな感情と願望がまじっているのだろうかと考えてみる。〝この人はなにを根拠にこのような発言をするのだろうか？〟〝回数は？〟〝量は？〟〝なにを言いたいのか？〟〝この結論を裏づける事実はあるのか？〟と考える癖をつける。

相手にたくさん質問をして明確な言葉を引き出す。白か黒かで見るのではなくグレーゾーンに注目し、事実を確認できるまで結論は出さない。こうして会話から余分な要素を取り除くことで筋道のとおった思考ができるようになる。

第11章 会話におけるギブ・アンド・テイク

人間関係はバランスのとれたギブ・アンド・テイクをくりかえしながら育まれてゆく。どちらかいっぽうに偏り過ぎたとき、関係は崩れる。人間関係を維持するには、維持したいとたがいに望んでいることが条件なのである。いっぽうが満たされていても、もういっぽうにその気がなくなれば関係はつづかない。

ギブ・アンド・テイクの流れ

人と人の関係は、絆をもとめる力が小さいほうの水準で結ばれる。ギブ・アンド・テイクのバランスがよければ両者の関係は豊かなものとなり、得難い絆が結ばれる。

自分では満たせない、誰か他の人でなければ満たせない欲求が誰にもある。人は満たしてくれる相手をもとめ、そのもとめを拒絶するものは同じ目にあう。

このギブ・アンド・テイクのバランスは、なかなかせちがらいものである。人は〝テイク〟だけを追求して巨万の富を手に入れることもできれば、官能的なよろこびに存分に浸ることもできる。しかし人間関係を維持するには〝ギブ〟が不可欠だ。人というのは自分の欲求を満たしてもらえそうな方向にうごく。それが人間の行動の基本原理である。だから相手が自分の欲求を満たしてくれなければ、関係は廃れる。

人は人になにをもとめるのだろうか？　物質的に満たしてもらったり、便宜をはかってもらったりすることはむろんだが、愛情、認めてもらう、励まし、賞賛、理解、同情、共感、弱みを受容してもらう、能力を尊重してもらうことをわたしたちは相手にもとめてしまうのである。

こうした欲求の大半は会話をつうじて満たすことができる。とくに意図しなくても、ごく自然のうちに会話のなかに欲求が侵入してくる。そのときに相手が満たしてくれなければ、もはやこの人間関係に先はない。会話そのものも実のないまま終わる。

ギブ・アンド・テイクはどんな会話でもひっきりなしにおこなわれている。こうした〝おたがいさま〟の連続で人間関係は維持される。

バランスが悪くなると、両者の関係はこころもとないものとなる。会話という炎は小さくなり、消えてしまう。補給する燃料がなくなり会話がはずまなくなってしまうのである。

ここで使っている〝ギブ〟という言葉は、〝与える〟つまりなにかを引き渡す行為を意味するとともに、人の利益のためになにかをあきらめる、つまり〝ギブアップ〟の〝ギブ〟でもある。指示を与える、署名するための用紙を与える、調査の材料を与える、という場合の〝与える〟は、単に右から左になにかを引き渡す行為をあらわしているに過ぎない。相手の利益のためになにかを与えるには、相手の欲求や願望を満たすためにエネルギーや時間、それ以外のなにかをあきらめなくてはならない。

相手の意思を無視して利用する対象としか見ていないのであれば、とてもそのようなことはできない。自分と同じ人間だと尊重しているからこそできる行為である。

相手の身になり相手のために尽くしたい、という愛情あふれる気持ちから〝与える〟という行為が生まれる。もちろんちがう動機から与える場合もあるだろうが、あたかも愛情から出た行為のように感じられるので相手は満たされ、会話をつづけたいと願うのである。

たいていの人はつねに欲求、願望を抱え、それを満たしてもらいたいと思っている。

つまり与える機会は無数にあるということだ。

知識欲の旺盛な相手であれば知識を与えることができる。また人に認められることで自己イメージを高めたいと願う人がいる。自分は頭脳と容姿に恵まれ、思いやりがあって理性的である、周囲から一目置かれている、それを他者から認めてもらうことで自信をつけようとするのだ。ちょうど鏡に自分の姿を映してチェックするように、鏡となってくれる相手をもとめるのである。

人は感情を吐き出してしまいたいという欲求を抱えている。だから話を聞いてくれ理解してくれる人をもとめるのだ。大丈夫といって不安を吹き飛ばし、怒りを受け止め、罪を受け止めゆるしを与え、悲しみに共感し、よろこびをわかちあえる、そんな相手を必要とするのである。

人は絶えず他者からの情報、関心、励まし、慰め、同情をもとめている。この旺盛な欲求にこたえるには、会話はまたとない手段である。

相手に物質的なものを与えたり便宜をはかったりするのは、いかにもこれみよがしなやりかただが、会話はそれよりも繊細な形でしかもひんぱんに相手に与えることができる。費用もかからない。そして相手からうんと高く評価される。人と人が会話でつながれば、そこにはあたたかく生産的な絆が生まれる。

会話は金銭に換えられないすばらしいもの——注目、関心、興味、共感、知恵——を相手に与えることができる。物質的なものでは満たされることのない深い飢えを、会話は満たしてくれるのである。

わたしたちは話し手の立場でも聞き手の立場でもギブ・アンド・テイクの両方をおこなうことができる。話すことで与える、聞くことで与える、話すことで得る、聞くことで得る。この四つのパターンの一つひとつをくわしく見てみよう。

話すことで与える

話すことで与えるという行為は、つぎの三つに分けられる。①教育する、②楽しませる、③感情面の欲求を満たす。

この場合の〝教育する〟とは、事実や情報を与える、建設的な批判をする、個人的な経験を共有する、役に立つアドバイスと提案をする、といった幅広い意味をあらわす。

〝楽しませる〟とは、ジョーク、愉快な話、エキサイティングな話、なぞなぞやクイズなどを通じて相手を元気にさせるという意味だ。

〝感情面の欲求を満たす〟とは、相手を賞賛したり、認めたり、同情したり、自慢に思っていそうなことを話題にするという意味である。

会話が同時に複数のはたらきをすることもある。たとえば自分の感情を相手に打ち明ける場合、相手に気持ちを伝えるとともに、わたしはあなたに自分のことをさらけ出します、それだけあなたのことを信頼していますと伝えていることになる。同様に、愉快な話をして聞かせることは、相手を楽しませるとともに、あなたを楽しませたくて時間もエネルギーも使っています、それほどあなたのことを気づかっているのですと暗に知らせている。

医師は患者に対し病気について説明し、指示を出し、大丈夫だと力づけ、今後の見通しを教え、同じ病気の患者がどれほど早く治癒したかを話して聞かせたりする。こうして医師は患者に与えているのである。

上司は部下に業務に必要な情報と指示を与え、褒め言葉を与え、建設的な提案を与え、実績を認め、将来の展望を語って聞かせる。

また部下が悩んでいるときには励まし、落ち込んでいるときには共感し、賞賛と祝福の言葉を惜しまず、なにかよいことが起きれば部下といっしょによろこぶ。これは教師と生徒、親と子ども、牧師と教会の信者の会話にもあてはまる。

営業マンは担当者との会話で相手の商売あるいは担当者本人に役立つ情報を提供する。商品の売りかたや使いかた、経営知識など同業他社から得たノウハウ、担当者の趣味に関する耳寄りな情報、ポイントを突いたアドバイスを提供したり、おもしろい話を披露したり、賛辞をおくったり、力づけたりする。

売り込み先のためになる内容を、営業マンは会話によって与えているのである。それが見返りを期待しての行動だとしても、相手がその会話からなにかを得ているという事実に変わりはない。

言葉は贈りものだ。物質的な贈りものに負けないほどのよろこびをリアルに伝えることができる。しかも目に見える贈りものよりも深い満足を相手に与えることができる。

聞くことで与える

自分の考えや感情を吐き出してしまいたいとき、耳を傾けてくれる人がいるのはありがたい。つまり聞くことそのものが贈りものとなる。聞き手は情報を受け止めてくれるだけの相手ではない。聞き手がいることで思考が整理でき、感情が解放できるのである。もうすこしくわしく説明しよう。

思考が整理できる

考えるという行為は、ひじょうに無秩序なプロセスである。頭のなかには雑多な欲求がひしめき合い、それぞれが主張している。それを押しのけるようにして〝考え〟が形成される。つながりのありそうな〝考え〟と〝考え〟が結びつくのもやっとのことだ。このような混沌としたプロセスが頭のなかでおこなわれている。

〝考え〟は認識という舞台の袖につめかけ、舞台に出よう、意識というスポットライトに照らされようと懸命だ。チャンスを狙う無数の〝考え〟のなかで勢いのあるものが順番など無視して舞台に躍り出たりするので、論理的な脈絡がつかなくなる。

このように頭のなかでつぎつぎに〝考え〟が浮かぶと、それを解放してしまいたいという感情にかられる。出てくるものは毒にも薬にもならないような内容かもしれない。が、たとえ建設的な内容ではなくても、話すことで楽しい思いをして多少でも緊張がやわらぐだけで本人はいたって満足なのである。

そのいっぽうで、わたしたちは目的をはたすために筋道のとおった思考をしなくてはならない。目の前の問題について熟慮するときには関係のない思考は排除したいのだが、勢いに負けてしまうと生産的な思考がほとんどできなくなる。

あきらめず何度もトライするが、自分の内に潜む強力なパワーに圧倒されてしまう。自己抑制がきかず、細々とでも生産的な思考をつづけることができない。ついつい誘惑に負けて思考が横道にそれてさまよう。

その点、**聞き手という存在がいると筋道立った思考が楽にできるようになる**。聞き手とコミュニケーションをとるために自然と相手にわかるように秩序立てて話すようになる。無関係な要素を排除し、関係のある考えを整然とならべ結論に到達しなくてはならない。言葉で表現することは思考をまとめあげるプロセスとしてとても有効だ。ひとりで空想にひたっているだけならば理屈がとおらなくてもかまわない。だがコミュニケーションを成功させ相手に好印象を与え信頼してもらうには、話に一本筋がとおっていなければならない。

聞き手の立場に身を置く場合には、相手を刺激して目的に沿った話をするように促す。

頭のなかで適切な素材をさがし、それを組み立ててもらう。

聞き手がいるから明確な思考ができるというケースはとても多い。聞き手は反響板の役割をはたすのである。たとえて言うなら、自分の考えを聞き手に試着させ、すこし後ろに下がって見ばえを点検するようなものだ。聞き手が熱心に聞けば聞くほど話し手は考えをきちんとまとめて結論を出そうとする。そしてお返しとして、自分も相手の話を聞こうとする。それは話を聞いてくれたことを高く評価します、という気持ちのあらわれだ。

感情が解放できる

話し手にとって聞き手とは、感情の放出を促す媒体のようなものである。なにかを悩んでいる、心配している、よろこんでいる、罪悪感を抱いている場合、それを放出できないかぎり感情は鬱積してわたしたちを苦しめる。感情を放出するには、とりあえず話をするのがいちばんであり、話すからには聞き手が必要だ。

感情を抑えきれなくなると、人はついひとりごとをもらす。

あるとき職場の壁越しに聞いたタイピストのひとりごとを紹介しよう。注文したランチが届き、それをあけたとたん、彼女は声を張り上げた。

「ローストビーフとトマトを注文したのに、これ、ハムとチーズじゃないの」

そこには彼女のほかには誰もいなかったが、かっとなったあまり声に出さずにはいられなかったのだ。

苦痛の叫び、絶望のすすり泣き、悲しみのうめき、驚いて息を飲む、歓声、大きな笑い声。どれも強い感情が声となってあらわれたものだ。こういう場合は聞き手はいらない。あくまでも感情の高まりに耐えきれず、もらしてしまうのである。

これとはべつに、それほど勢いが強くはないがどうしても吐き出してしまいたいという感情がある。勢いがないだけに自力では出せない。こんなとき、聞き手がいてくれるとすっきりと片がつく。

不安、よろこび、怒り、恥、嫉妬、困惑、あるいはそれが入りまじった感情が頭から離れないと、どうしてもそれを放出してしまいたくなる。どんな形でもよいから会話のなかで表現したくなる。

こういう感情は歯止めがきくので、ひとりごとや大声での主張にはならない。聞き手があらわれるのを待つ。この人なら感情を放出しても安心、共感してくれる、力づけてくれる、賞賛してくれると確信できる相手を。

ある経営幹部から先頃聞いた話だ。彼の妻は彼の言うことを先取りして結論を言ってしまう。彼にとってそれが悩みのタネだった。会話とはいっぽうから他方への意思の伝達だけではなく、感情を放出するための手段でもある。彼の妻はそれに気づかず放出部分を独り占めしてしまった。夫の感情は出口を見つけられないまま、たまってゆくばかりだった。

おぼえておいてほしい。**聞くという行為は相手を癒やすことにつながっている。**相手の緊張をときほぐし、相手は楽に感情を吐き出すことができる。

情報交換という意味ではプラスはないかもしれないが、こちらが時間を提供することで相手との関係は豊かなものとなっている。

ああこの人は自分の時間を割いてまで、わたしが心地よくなるために気を配ってくれたと相手は思い、高く評価するはずだ。

話すことで得る

話すことで得るとは、聞くことで与える、の逆だ。鬱積した感情を誰かに話すとき、わたしたちは相手の時間とエネルギーを使って気持ちを楽にしようとしている。聞き手は収穫ゼロのはずである。聞き手になにか収穫があったとしても、話し手がそれを意図したわけではない。

では、相手の感情を受け止めることで得られる収穫とはなんだろうか。話し手は聞き手に対し、あなただからこそ感情を共有するのだ、あなたのことを親友だと思っている、あなたを信頼しているからここまで自分をさらせるのだ、というサインを発している。つまりある特別の地位を与えているのである。

だが話し手が感情を長々と放出し聞き手の時間を消費すればするほど、〝与える〟部分は過剰となり押しつけとなる。自分の感情を言葉にする快感に酔っているあいだは驚くほど時間が速く過ぎる。感情を発散して大満足の話し手は、聞き手もきっと満足しているにちがいないと思いがちだ。

自分にとって楽しいことは相手にもきっと楽しいはずと思うのは幻想である。

さいきん、ある人から聞いた話だ。彼女は友人に会った際、いいニュースがあると言われた。期待に胸をはずませて聞いていたところ、それは夏からさがしていたメイドを無事雇えたという話に過ぎなかった。このニュースを聞かされた女性はわたしにこぼした。理想のメイドを確保できたことが人にもよいニュースだと信じて疑わないのだから、その鈍感さにはほとほとあきれた、と。

話し手にしてみればわずかな時間であっても、聞き手にはうんざりするほど長いかもしれない。いっぽうはすっきりした気分になり、もういっぽうは感情の出口を塞がれた状態だ。最初のうちこそ聞き手は共感を示し個人的な感情を打ち明けてもらう相手に選ばれたことをよろこんでいるかもしれないが、しだいにそのよろこびは薄れ、人のことよりは自分の問題に関心が移ってしまう。

だから視界を曇らせていた感情の黒雲が消えてようやく相手を耳としてではなくひとりの人間として見られるようになったら、すぐに聞き手を会話に巻き込む。感想をたずねたりして、ぞんぶんに話をしてもらうべきだ。

聞くことで得る

聞くことで得る、とは、話すことで与える、の逆だ。話し手が情報、賞賛、アドバイス、なぐさめ、励ましを言葉で伝えるとき、聞き手は役に立つ情報と心地よい気分を手に入れている。だが聞き手が聞くことに徹し、なにも返さないとなると、話し手は不快感をおぼえる。

よい聞き手はありがたいものだが、すべてを吐き出したと思った瞬間、聞き手の存在はさほどありがたくなくなる。自分は相手に貴重な情報をすべて与え、賞賛を与え、力づけたのに、お返しがなにもないのでは、相手に都合よく利用されたのではないかと疑心暗鬼になってしまう。

熱心に話を聞けば相手はまちがいなくよろこぶとはかぎらない。話し手の気持ちが発散されるという効用があればいいのだが、もっぱら聞き手が得をするのでは話し手はうんざりする。

とても熱心に話を聞いているように見せて、じつは巧みに相手から情報を引き出している場合もある。聞き手は一方的に情報を要求し、話し手はひたすらそれを満たすという構図だ。尋問をされる側がする側に親近感をおぼえるはずがない。役に立つ情報、賞賛、激励の言葉を受け取ったら、**相手に敬意を示すのを忘れないことだ。**

ほんとうに助かった、とてもうれしいという思いを伝える。お返しに値する言葉をぜひとも提供する。話し手は話すだけ、聞き手は聞くだけという役割が設定されている場合でも、完全な一方通行にならないように気を配る。

会話の時間を共有する

会話は宝の山だ。わたしたちは貴重な時間と集中力を会話に注ぐ。さらに情報を提供し、相手を賞賛したり力づけたりするためのエネルギーを提供する。これだけのものがプールされているのだから、会話はすばらしい資源だといえるだろう。会話とはたがいがその資源を分け合うことであると言い換えてもよい。さて、どちらがどれだけ手に入れるか、それが問題である。

相互協力という形で両者が同じだけの量の資源を手に入れる場合もあれば、片方がより多くを手に入れ、もういっぽうは相手を助けることだけで満足している場合もある。

しかし激しい分捕り合戦となることもある。会話の主導権を握ってできるだけ多くの資源を手に入れようと争う。自分のことを話すために時間の争奪戦となる場合もある。相手から共感や賞賛を引き出そうと張り合うこともある。片方は相手から情報を手に入れる目的で会話をしているのに、相手は鬱積した感情を放出しようとする場合もあるだろう。

会話の主導権争いは、相手の話をさえぎる、会話の舵とりをする、話題を変える、質問に対し質問でこたえる、いつまでも発言をつづけるといった形をとる。

たがいの会話の目的がくいちがっていると摩擦が起きる。また会話を独占して自分の目的を遂げたいという思いが双方にあると丸く収まることはむずかしいので、それぞれにフラストレーションがたまる。自分の持ち分を相手に奪われたような気持ちになる。

すこしでも自分の持ち分を増やそうとすると、相手の言葉に耳を貸す余裕がなくなってしまう。つまりいくらしゃべっても聞いてもらえないということだ。たがいに相手が話し終わるのをじりじりと待って、自分の番がきたらこのときとばかりに思いを吐き出すという状態になる。

これは不毛な争いである。ありもしないものをもとめてたたかっているようなものである。仮にそのたたかいに勝ったとしても、いったいなにが手に入るのだろうか。相手の関心を引きたいと望んでも、もはやそんなものはどこにもないかもしれない。

それよりも、はじめから**相手に資源を提供するつもりで会話をする**ほうがはるかに実りが多い。会話は共有するものである。目的をはたすためにはそれがいちばんの近道であると肝に銘じておこう。

ときには言いたいことが多すぎて時間を独り占めしたくなることもあるだろう。が、これは逆効果である。相手を会話から排除してしまい、関心を得ることはできないだろう。それどころか相手の反感を買うことになるはずだ。

ギブ・アンド・テイクが得意な人、不得意な人

純粋に与えることを楽しむほかに、人はさまざまな理由で与えようとする。相手からのお返しを期待する場合もあれば、人とのつきあいにはそれが欠かせないからという理由もあるだろう。

会話で相手に与えることを好む人は深い目的もなく与えるのに対し、与えたいという気持ちが弱い人は特定の目的のために与えようとする。与えることで相手と協調関係を結ぼうとするのである。

会話を通じてのギブ・アンド・テイクには個性が強く出る。相手によって左右されるのではなく、これはあくまでも個人的な資質である。だから会話で自分は一方的に資源を奪われたと感じても、相手を責めるのは的はずれである。これはあくまでも個性の問題であり、この人物からうんと搾り取ってやれなどという下心があるわけではない。あなたに好

意を抱き、時間を共有できることをよろこんでいるはずだ。こういう人物は会話でも会話以外の行動でもできるだけたくさんのものを得ようという習慣が身についてしまっているのだろう。

また相手が自分に共感してくれたり情報を与えてくれたりしたからといって、必要以上に恐縮することはない。人に与え人の役に立つことによろこびをおぼえるタイプの人物なのかもしれない。こういう人は誰に対しても愛情を注ぎ与えることを楽しむのだと了解しておけばよい。

むろん、この人には特別に多く与えたいという場合もある。あるいは、相手をだいじに思うから一方的に奪いたくないということもあるだろう。このように相手に対する気持ちと、身についた習慣がギブ・アンド・テイクのバランスを決定するのである。

コミュニケーションとは〝与える〟こと

発言の内容がすべて相手に伝わっていなければ、質の高いコミュニケーションは成立しない。わたしたちはつい、相手は当然聞いているものだと思い込んでしまう。その結果、会話の大部分が欠落してしまう。

相手が黙っているのは聞いてくれている証拠だと思ってしまうのはなぜか。自分をふり返ってみればそれはとんだ誤解だとわかるはずなのに、いざ話す側になると、とたんに楽観的になってしまう。

相手の表情を見ればわかるとわたしたちは思っている。しかしそんなことはあり得ない。おおきく目を見ひらいてじっと見つめる、テンポよくうなずく、合い間合い間であいづちを打つ。このようなジェスチャーをしながらも、聞き手は頭のなかで考えごとにひたっているかもしれない。

会話でなにを話すか、どのように話そうかとわたしたちは知恵をしぼるが、相手に聞いてもらうための工夫となると、ほとんどなにもしていない。

話したいという欲求があると、聞く力はがくんと落ちる。どういうときに聞き手は話したいと思うのだろうか。いま聞いたことに疑問がある、同意できない、だから質問したいという場合。意味が理解できないからもっとくわしく話してくれと言いたい場合。あなたの意見に賛成だという意思表示とその理由を話したい場合。あるいは、本題とはまったく関係ないがどうしても言いたいことがある、という場合もあるだろう。

どんな場合でも、話したいという気持ちが起きると相手の話には集中できなくなる。どこかでつまずくと、それっきり話の筋を追う気が失せてしまいがちだ。いま聞いた意見に納得できなければ、頭のなかで反論を組み立てるのに忙しくて相手の発言は耳に入らないだろう。また、この先も自分の考えとは平行線のままだろうから聞く必要はないと判断するかもしれない。

このような事態を避けるには、**話したいという欲求を発散させる方向にもってゆく**ことだ。自分から話そうとしないなら、合い間合い間でうまく誘導して言いたいことを引き出す。出口を封じられた欲求は会話を妨害する。たとえ本題に関係のないことでも、話してもらうほうがよい。

とはいえ、際限なく相手の欲求を満たすわけにもいかない。時間にはかぎりがあり、さまざまなニーズを考慮して配分する必要がある。たとえば一日に何件も訪問しなくてはならない営業マンは、一件の取引先で延々と相手の話につきあっていられない。かといって早々に切り上げるのは問題だ。一〇分でも二〇分でも相手の話を聞くようにこころがけるべきである。そのために肝心の商談の時間が減ったとしても、時間を無駄にしたことにはならない。時間を提供した営業マンの好意は客先との人間関係にプラスにはたらくはずだ。

同様にマネジャーは部下の怒り、不満、心配、提案を聞くために時間を割くべきである。自分は不当な扱いを受けているのではないかと訴える部下や、まったくの思い込みで憤慨している部下には、それはきみの思い過ごしだ、あるいは書面にして提出するようにと言うだけではじゅうぶんではない。部下は感情を受け止めてくれる相手をもとめているのである。マネジャーはあくまでも聞き役に徹する。この場合も時間にかぎりがあるが、部下との良好な人間関係を望むのであれば、ある程度の時間を割くべきだ。

ものごとを効率的に進めてゆくためには**論理的思考と感情の両面で人を納得させせなくてはならない。**これはこころに留めておくべきである。

相手の発言が論理的ではなくても、きちんと対応するべきだ。あなたの気持ちをだいじにしたいのですと意思表示することがたいせつなのである。感情は論理をかき乱そうとする。だから自分では論理的に話しているつもりでも相手には非論理的に聞こえることもあれば、相手はわかったつもりでもこちらはさっぱりわからないということも起きる。論理的な意見であろうと理屈では説明のつかない気持ちであろうと、相手が伝えようとしているからには、それを受け止める。そこからはじめなくては人間関係を築き発展させてゆくことはできない。

会話の時間はふたりのものである。相手に時間を与えて考えていることや気持ちを語ってもらおう。それを習慣にすることが、良好な人間関係と質の高いコミュニケーションを手に入れる近道である。

第12章 複数の聞き手に意思を伝える

複数の聞き手にむかって話をして理解してもらう場合も、基本的には一対一の会話と同じである。

聞き手はさまざまな要因で話に集中しなくなる。感情を吐き出したくてたまらない、話し手の発言が自分の思い込みとくいちがう、話の先が読めるので退屈、情報を消化しきれない、といった要因があげられる。

それ以外にも、複数の聞き手ならではのむずかしさがある。

複数の聞き手に理解してもらうことを阻む六つの障害

1 関心が多様である

発言者はつねに全体にむかって発言しなくてはならない。一対一の会話であれば、相手の関心をひきつけるためにアイデアを組み立て、最適の言葉を選ぶことができる。相手のニーズにこちらの意見を結びつけることもできる。が、相手が複数になると、彼らに共通する関心にアピールしなくてはならない。

話の構成と内容も、全員が確実に理解できるものにかぎられる。そして相手をひきつける効果となると、一対一の場合にはかなわない。かといって特定の相手に理解してもらう方法を集団に流用しても、ひきつけられるのは一部だけで、残りの聞き手には逃げられてしまう。

2　注意力が散漫である

一対一の会話にくらべると、聞き手の数が多い場合は一人ひとりの注意力が散漫になりやすい。話の一部を聞き逃しても後で誰かに聞けばいいと思って安心してしまうのである。質問には誰かがきっとこたえてくれる。会話のパートナーとしての責任を負わずにすむ。自分は聴衆のなかのひとりに過ぎないと思ってしまうのである。これでは話し手との距離がひろがるばかりで、積極的に話にかかわろうとする動機が見つからない。

3　見当ちがいの発言

話し手へのコメントや質問という形で聞き手のひとりが本題とは無関係の、個人的な発言をすると、他の聞き手の関心はいっせいによそをむいてしまう。

4　消極的な態度

聞き手が複数の場合、フィードバックはあまり期待できない。多少あったとしても、一対一の会話の場合とは比べようがないほど少ない。これでは話し手の意図が伝わり思考の一部として取り入れられる可能性は低い。

聞き手の態度はどうしても受動的になりやすい。話し手の考えを自分の言葉で言いあらわす必要がないので、大半の内容は深く理解することもなく蒸発してしまう。話の内容を検討し、吸収し、自分の思考の一部として残そうとはしない。

5　感情が抑圧されている

話の内容を確認する機会が与えられないと、聞き手の感情はため込まれてゆく。出口を塞がれた感情は聞き手の集中力を乱そうとする。みんなとともに話を聞いてはいても、内容を一〇〇パーセント理解するのはむずかしい。

6　欲求や衝動の表現が極端になる

なるべくなら人前で発言することを避けたいという気持ちが集団の場では極端に強くなる。まちがったことを言ったらどうしようという怖れは一対一の会話のときよりも大きくなる。また自己顕示欲も大勢の人がいればいるほど大きくなる。そのため自己アピールを目的とした発言に走ろうとする。本題とは関係なく話し手にかみついてくる場合は権威への反発のあらわれであり、大勢の仲間がいるという安心感から行動に移しているのだろう。

一対一の会話にくらべ、集団に話を理解してもらう場合は障害が多い。しかもそれに対処するチャンスがすくないときている。

したがって集団に語りかけるスタイルのコミュニケーションは一対一でのやりとりよりも効果が薄く、話し手と聞き手の気持ちが通い合う度合いも低い。

研修で講義する、会議で新しい見解や指示を伝える、話し合いで目的を設定してそれを達成するための方法を決めるなどさまざまなケースがあるが、どんなときもコミュニケーションに限界があることを心得ておく。

伝えたいことが相手に伝わらなかったと後で後悔しないよう、あらかじめ現実的なゴールを設定しておくことをおすすめする。

けれどコミュニケーションの質を高める方法はある。基本的には一対一のコミュニケーションのテクニックと変わりないが、もうすこし工夫をこらすことで効果を高めることができる。

複数の聞き手に伝えるための三つのテクニック

1　聞き手の思考を正しい方向に誘導する

話の冒頭で、目的とする方向に聞き手の気持ちを誘導する。話がどちらをむいて進むのかを知ってもらう。具体的には、**これから話すことをかいつまんで話す。**

話し手がいきなり本題に入らず、なぜこれを言いたいのかという根拠から話しはじめるケースは多い。すると聞き手はどんな話がはじまるのかさっぱりわからないまま、根拠だけを聞かされることになる。たとえ最初に問題を提示したとしても、その解決法を用意しているのかどうかを知らせないまま話を進めると聞き手は混乱する。話し手がゆきづまってしまっているのか、それとも建設的な行動をしようとしているのかが見えてこないからだ。

とりあえず根拠をすべてあきらかにしてから自分の考えを述べたいと思う場合もあるだろう。集団が話の方向をつかんでいれば、それも悪いことではない。話し手としては最初に証拠を出しておかなければ、聞き手に否定されるのではないかと心配なのかもしれない。が、まったく白紙の状態の聞き手は話がどう展開してゆくのかわからずフラストレーションを感じやすい。

新しく導入する手続きを発表するために会議をひらくとする。このときにやってはいけないのは、新しい手続きを導入する理由、つまり具体的な問題を最初に話すことだ。それよりも、新しい手続きがどんなものかを説明し、なぜ導入するのかという理由を話す。いまからこのことについて話しますと述べ、理由は後回しにしだ。

2　例をあげる

複数の人を相手に話をするときには、聞き手は一人ひとりちがう解釈をするという前提で話す。ある考えについて解釈が割れそうなら、例を使う。ある特定のケースをあげて具体的な説明をする。

話すことに夢中になるあまり、自分が話していることをそのまま聞き手はわかってくれていると頭から信じてしまう、つまり聞き手側が誤解して受け取る可能性を忘れてしまうのは危険だ。聞き手側は自分は正しく理解していると思っているのだが、じつは一人ひとり、似ても似つかない解釈をしている可能性がある。

複数の聞き手にむけて話をする場合には、どんな反応や解釈が生じてもおかしくはないと覚悟しておくこと。相手が多ければ多いほど、その可能性は高くなる。大教室で講義をして試験をすれば、名前を書き忘れた解答用紙がかならず何枚かまじっているものだ。

複数の解釈が出てくるのを防ぐためには、例を示す。たとえば、もっと力を出せ、余分な経費を切りつめろ、チームスピリットが欠けている、レベルを引き上げろと言葉で言うだけではなく、例をあげる。

どう転んでも誤解されない内容であれば、例は不要だ。それを判断するためのルールを紹介しよう。発言のなかで数量、時間、場所を具体的に指定していなければ例が必要である。一〇月一〇日、九時にフィラデルフィアで開催される会議について述べているのであれば、例は必要ない。場所と時間が特定されている。だが、緊急事態が起きて出席できない場合を除いて全員の出席がもとめられる、という場合なら、緊急事態とはなにかを具体的に例示することで誤解を防げる。

3　話の内容の確認を促す

話し手の言葉を正しく理解するには、聞き手の一人ひとりが自分の頭をはたらかせて思考しなければならない。彼らが自主的にそのような知的活動をはじめることは期待できないので、話し手がはたらきかける必要がある。話した内容を確認する、という形で。

これはあくまでも聞き手を考えさせるための確認であり、彼らが考えている内容を知るための確認ではない。**確認する過程で聞き手が話し手の話の内容を吟味することがたいせつなのである。**

確認を促すための三つの方法

1 質問をする

相手に思考を促すには、質問が絶大な効果を発揮する。**話をするときには、たくさんの質問を組み込むようにする**。三〇秒に一度は話のとちゅうで質問をするというルールを決めてもよい。質問はふたつの種類にわけることができる。聞き手がこたえを出すタイプと話し手が自分でこたえを出すタイプだ。

聞き手がこたえを出すタイプの質問は、聞き手の思考を刺激するという点では効果が大きいのだが、これはときと場合を選ぶ。聞き手の数が多すぎる、あるいはグループ・ディスカッションに時間を割く余裕がなければ、おそらく使えない。それでも質問をして聞き手の頭をはたらかせつづけることはたいせつだ。そこで、話し手が自分でこたえを出すタイプの質問や、こたえがあまりにも明らかなので敢えて言わずにおく質問をしてみる。これで聞き手の思考を活発にさせることができる。

質問をされると人は自然と思考を開始する。質問に対するこたえをつくりはじめる。こたえをつくるには頭をはたらかせなくてはならない。集団に質問を投げかけてしばらく沈黙すれば、一人ひとりの聞き手の頭のなかでは自動的に思考という歯車が回りはじめる。

そこで話し手自身がこたえたとしても、聞き手の思考はこたえをめざしてたしかにうごいている。

質問を出すタイミングだが、かならずしも話のとちゅうに挟むのではなく、本題に入る前に質問するという手もある。あらかじめ聞き手の思考を刺激しておいて、話を聞きながらこたえを見つけてもらうのだ。

たとえば説得力のあるコミュニケーションという講義をするとき、わたしは最初にクイズを出す。複数の選択肢のなかから回答を選ぶ形式の質問を一、二問出して、聞き手に正解を選んでもらう。

それから本題に入るわけだが、話のとちゅうでもかまわずに質問してもらう。本題が終わったところで、最初と同じクイズを出し聞き手にふたたび回答を選ばせる。話を聞いてからさきほどと同じ質問について考えることで、聴衆の頭のなかでは話の内容が明確になるだろう。その後でディスカッションをおこない、さきほどの質問とそのこたえについて話し合う。話の内容を聴衆にしっかり定着させるためだ。これはどんなグループ・ミーティングにも活用できるノウハウである。複数の質問を準備して話の前後で二度、聞き手にこたえてもらい、その後でディスカッションの題材とする。これだけだ。

話のプランを練るときには、質問もそのプランに組み入れる。しかも本題と同等のエネルギーを質問づくりに注ぐこと。聞き手に話の内容をより確実に理解してもらい、話そのものを楽しんでもらうために。聞き手と話し手がともに質問について考えれば、両者の距離は縮まるだろう。そして聞き手は知的労働をする充実感を味わうことができる。

2 質問を促す

質問には情報を得る、気持ちがつながる、というふたつの効用がある。質問が出たら、それは関心ありというサインであり、いま聞いた話の内容を自分の思考に組み入れようとしているあらわれである。話し手は質問を歓迎するだけでは足りない。もう一歩踏み込んで**積極的に質問を促さなくてはならない**。

いちばんむずかしいのは最初の質問を引き出すことだろう。聞く側には共通の不安がある。質問をしたら話し手はどんな反応をするだろうか、自分はどんな立場に立たされてしまうのだろうかと思っている。

質問が出るように促すための三つの方法

①質問は大歓迎だとわかってもらう　たとえ話の腰を折られても、わたしは質問を歓迎する。思いついた疑問は話が終わるまで待つのではなく、その場で質問してもらいたい。思いついたときに質問をしてこたえてもらえばすっと頭のなかに入りやすいからだ。話が終わるまで待っていたら、質問そのものを忘れてしまう、聞こうと思ったことに対する興味

を失ってしまう。それに話のとちゅうで頭に浮かんだことをすべておぼえていられる人間などいない。だから話の後では頭に浮かんだ疑問のほんの一部だけしか出てこない。

質問を書いてもらう方法もあまり効果がない。たいていの聞き手はそのような面倒くさいことをやりたがらない。たとえ質問を書いたとしても、話が終わるころにはどうでもよくなっていたりする。はやべつの関心で頭のなかがいっぱい、ということだ。

②質問を促す箇所をあらかじめ決めておく　効果的なのは話をはじめて早々、集団にむかってこんなふうにたずねてみるやりかただ。「ここで疑問となるのはどんなことでしょうか?」こうして自然に質問が出てくるように積極的に流れをつくる。誰かが手をあげて質問をすれば、残りの人たちはぐっと質問がしやすくなる。

③質問を褒める　誰かが質問をしたら、おもしろい、鋭い、示唆に富む、話し手としてはそれを質問してもらえてうれしい、などと褒め言葉をおくる。どれ自分も質問をしてみようかと思う人がきっと出てくるだろう。

質問を褒める方法にはもうひとつある。もっとさりげなく、聴衆にむかってあなたたちならどうこたえますかと問いかけてみる。これは暗に、わたしがこたえてしまうよりも、みんなで考えてみましょう、それに値する質問ですと褒めているのだ。もちろん質問を褒めながらこの方法をとることもできる。

3　質問の意図をよく確かめる

すぐにこたえるのではなく、質問の内容にもっと踏み込む。質問者にもうすこしくわしく話してもらう。質問の内容を要約してあなたの聞きたいことはこういうことですねと念押しするのもよいだろう。細心の注意を払ってこたえたいという意思表示にもなる。

質問者の意図を話し手がじゅうぶんに理解しなければ、満足なこたえを出すことはできない。質問者は欲求不満を感じ、がっかりするだろう。集団のなかで質問者と同じ疑問を抱いていた人も、やはり落胆するだろう。

自分の疑問は話し手に認められていない、あるいは話し手はこの問題をきちんと理解していないのではないか、と思うかもしれない。

そんな事態を防ぐためには、このこたえで満足ですかと質問者にたずねてみるのもひとつの方法だ。満足していなかった質問者はこれで満足するチャンスを与えられる。もしも話し手がそれっきりにしてしまうと、質問者は不満をため込んでしまうにちがいない。

話のプランを練るときには確認のための時間を盛り込む。こうすると制限時間内ぎりぎりまで本題をつめこむことはできない。確認の時間を差し引いた長さが、本題に注げる時間となる。それを削ってもっと話をつめこみたいという誘惑は強いだろうが、そこで誘惑に負ければ元も子もなくなる。

無関係な発言をある程度許す

会議のさいちゅうには、議題といったいどんな関係があるのだろうかという発言も飛び出す。出席者はそれぞれ議題についてあれこれ考えをめぐらせている。一人ひとり、頭のなかではちがうことを考えているだろう。だが本題とは直接かかわりがないことは黙っていようという人が大半だ。が、なかには思ったことを口に出さずにはいられない人がいる。

そういう発言をすべてシャットアウトする必要はない。しかし脱線は断じて許さないという厳しい態度をとる議長は多い。本題とそうでないものを混同するほど自分は愚かではないという誇りと、あくまでも効率的に会議を運営したいという気持ちが厳しい態度となるのだろう。すこしでも脱線を認めたら収拾がつかなくなるのではないかと怖れる気持ちもあるのかもしれない。

しかしそういう姿勢ではせっかく会議をする意味が薄れてしまう。議題と直接かかわりのない発言をすべて排除してしまうと、発言を封じられた側にフラストレーションがたまり、話など聞くものかという気分になるだろう。へたをすれば仕返しのつもりで話し合いに異議を唱える可能性もある。また本題と無関係なことを言ってしまうことを怖れて、誰もがうかつに質問したり発言したりできない雰囲気になるだろう。

本題とは無関係な発言を許したら会議の収拾がつかなくなる、という心配はまったくの杞憂である。話し合いをコントロールする権限はつねに議長にある。たとえ脱線しても、本題にもどそうと思う時点でいつでももどすことができる。それを自覚して、本題とは無関係な発言に寛容になることだ。

内容を反復しながら話を進め、最後に要約する

わたしたちの理解力にはかぎりがある。話を一回聞いただけですべて把握することは不可能だ。ほんとうに消化できるのはごくわずかな部分だけ、というのが正確なところだろう。**わたしたちはなにごとも反復しながら徐々に学んでゆく。**つまり話し手が何度もくりかえすほど、聞き手の頭に内容が強く植えつけられることになる。話のなかにくりかえしを取り入れて、しかも単調にならないように工夫すれば、聞き手の理解を促すことになる。

いま言ったばかりの内容をふりかえり、それを新しい文脈のなかで新しい形で集団にむかって聞かせる。これが単調にならずに反復するコツである。たとえばある意見を話し、どういう経緯でその意見に到達したのかを話せば、ひと工夫して意見をくりかえすことができる。その意見にまつわる話し手の経験を話せば、もう一度くりかえしだ。第三者がそ

の意見をどう考えているのかを話せば、これまた反復していることになる。これまで話した意見とこの意見を結びつけて話せば、四度めのくりかえしである。と同時にもうひとつの意見もくりかえしている。

複数の聞き手に話をするためプランを練るときには、伝えたいことをくりかえす方法を考えておく。複雑な意見であればあるほど、意見の数が多ければ多いほど、何度もくりかえす必要がある。

けっきょく話し手が自分の考えを述べるために使える時間は、手持ちの時間から確認と反復のために必要な時間を差し引いた残りである。

まずその数字を求め、その枠内でどれだけ多くの考えを伝えられるかを検討し準備する。

それからもうひとつ、最後に要約する時間を残しておくこと。

これでさらにもう一度、反復できる。

確認、くりかえし、要約を話に取り入れ、決して聞き手を置いてきぼりにしない。確実に理解してもらうことが目的であることを忘れずに。

確認と反復を取り入れるのはわずらわしいし、時間がもったいないと感じるかもしれないが、人間が思考し学習するためにこれはどうしても欠かせない。自分の考えを相手の頭に根づかせるのは骨の折れるプロセスだ。複数の聞き手に伝えるときには考えを明確に表現し、それをまちがいなく理解させなくてはならない。

第13章 説得の手法

説得とは相手が新しい反応をするように導くことである

思考、感情、行動とは刺激に対する反応である。刺激はふたつの原因――自分を取り巻く世界、自分の内側の世界――から生じる。

わたしたちはつねに外部の世界、そして内部の世界からの刺激にさらされている。が、同時に両方に反応することはできないので、外部と内部の刺激に最大限に対処できる方法をとる。

ある営業マンが客先で担当者と商談をしているとしよう。担当者にとって営業マンの容姿、態度、そして営業マンが提供する情報は外的刺激となる。担当者自身が抱えているいらだち、願望、心配、ほかの業務を片づけたいという欲求は内的刺激である。さらに担当者が営業マンのことをどう思うか、この営業マンの言葉に自分は影響されているという思いも、やはり内的刺激である。担当者の反応には、こうしたもろもろの刺激が関わってくる。

つまり担当者は営業マンが話す内容だけに反応するわけではない。営業マン、そして営業マンの話の内容も担当者にとっては刺激のごく一部に過ぎない。相手が示す反応――思考、感情、行動――は、相手が外部と内部から受け取るすべての刺激に対する反応なのである。

いっぽう営業マンも外部からの刺激と内部からの刺激に反応する。内部からの刺激は、相手から断られるのではないかという不安、上司から叱責されるのではないかという心配、はやく結果を出したいという焦り、いますすめている商品への自信のなさ、自分の販売能力への不安、そっけない態度をとる相手への不満、なぜ相手は決断をしないのかという憤りなどがある。

外部からの刺激はどうだろうか。担当者の容貌と態度、自分または商品への担当者の反応、客先のオフィスの広さとインテリアなどがある。仮に営業マンがこうした刺激を受けておじけづいたなら、早口になる、相手の話をさえぎる、手応えがなければかんたんにあきらめる、注文をとろうとしない、相手のニーズを引き出そうとしない、といった反応をするだろう。

どんな会話をしているときでも、人は複数の刺激を受けている。だが話し手の立場に立ってしまうと、つい錯覚におちいってしまう。いまこの瞬間、聞き手にとって自分こそがすべてなのだと。そして自分が話している内容だけが相手の反応を左右するのだと思ってしまう。相手がむっとした様子を見せたり、楽しそうな態度になったりすれば、それはすべて自分に対する反応なのだと考える。

営業マンは相手を説得して商品を買わせたい。それには相手から新しい反応を引き出さなくてはならない。つまり競合他社の製品を買うという反応から、自社製品を買うという反応に変えるように導く必要がある。相手はつねに多方向から誘惑を受けている状態にある。そうした誘惑を押しのけて、営業マンは新しい反応を導き出さなくてはならない。

なにかを売るということは、相手を説得することである。説得とは相手に新しい反応をしてもらうことと定義すれば、あらゆることが説得の範疇に含まれることになる。

目的のある会話の多くは説得である

説得とは、人にはたらきかけて特定の反応を確実に実行させることである。とすると、わたしたちは日々さまざまな場面で人を説得しているわけだ。

たとえば会話の相手から賞賛、尊敬の言葉、そしてよろこびの表現を引き出そうとする場合、それはわたしに好意をもってくださいと説得していることになる。

親は子どもにいい子にしなさいと説得する。医師は患者が処方どおり薬を服用するようにはたらきかける。弁護士は判事を納得させようとする。上司は部下に、恋人たちはたがいにはたらきかけて相手から反応を引き出す。説得とは、自然にまかせていては実現しない思考や感情を相手に経験させることなのである。

説得するための四つのルール

1　こちらのはたらきかけを受け入れてもらう下地をつくる

新しい考えかたを受け止める準備が整っていなければ、相手は応じようとしないだろう。下地がつくれるかどうかを左右するのは、つぎの三つの要因である。

①なにかを思い煩うことなく、話に集中できる状態にあるかどうか

②新しい考えかたを取り入れるために大きな犠牲を払う必要があるかどうか。新しい考えを受け入れるために、これまでの考えかたを大々的に入れ替えたり削除したりする必要があると、新しいアイデアを取り入れたがらない

③新しい考えかたが自己イメージにどう影響するか。新しい考えかたが自我を傷つけるものであれば拒絶するだろう

第二と第三の要因がむすびついて新しい考えかたを拒絶するケースが多い。いつまでも誤った考えに固執する（第二の要因）のは、自己イメージを維持するため（第三の要因）という図式である。人を押しのけてでもほしいものは手に入れるという考えの持ち主は、他人もみなそうだと思っているだろう。だから自分が人一倍どん欲だなどという意識は薄いはずだ。

2 相手からの質問や疑問は新しい考えを受け入れる下地があるというサイン

新しい考えを受け入れる下地があるかどうかを知らせてくれるサインがある。相手が質問をする、もっと知りたいという意思表示をする、自己不信をあらわすなどという反応を見せれば、脈がある。満たしてもらいたい部分があるということだ。新しい考えかたに納得できればすんなりと受け入れるはずである。

逆に、明確な考えをもっている人物は、対立する考えを受け入れようとはしないだろう。ピリオドで終わる主張は、疑問符で終わるものにくらべて、新しい考えかたへの抵抗感が強い。迷いのない考え、そしてポジティブな考えの持ち主は説得に応じる可能性が低い。

説得を受け入れる下地があるかどうかを知る例をあげてみよう。

バイヤーは営業マンの説得を……

受け入れにくい「おたくの商品の価格は高すぎます」
受け入れやすい「よそで買えば一〇パーセントも安く手に入るのに、どうしてそんな値段を払わなくてはならないんです？」

子どもは親の説得を……
受け入れにくい「もっといい点がとれたはずなのに、先生が意地悪なんだ」
受け入れやすい「どうしてこの科目を失敗したのかわからないよ」

部下は上司の説得を……
受け入れにくい「この手続きは無意味です。問題が多すぎます」
受け入れやすい「この手続きの目的がわかればいいのですが。問題が多くてたいへんですから」

学生は教師の説得を……
受け入れにくい「こたえはわかっているのですが、言葉にすることができません」
受け入れやすい「この質問にこたえるのがなぜこうもむずかしいのか不思議です」

相手の口調にも気をつける。きつい口調で質問をしている場合は、説得を受け入れる可能性は小さいだろう。怒りっぽい口調、たとえば「なぜ前もってわたしに言わなかった。え？」などは情報をもとめているとは言えない。問いただすような形をとっていても、怒りをぶつけているだけである。

3　相手が説得を受け入れられる状態になるまで、反論しない

相手が自分の考えを明確に述べ、それがこちらの考えと対立する内容であれば、いくら情報を提供しても論理的に反論しても無駄である。説得を受け入れる下地はない。なにを言っても聞き入れようとはしないだろう。

圧倒的にこちらの主張に分がある、理性のある人なら納得するはずだと思っても、ぐっとこらえて深追いしない。くれぐれも「いや、確実に相手の気持ちを変えてみせる。自分の説明を聞けば、きっと相手は折れるはずだ」などと甘い見通しを立てて失敗しないように。相手を説得できるどころか、対話の回路さえ失ってしまうことになりかねない。

相手はいわば厚い防護壁のむこうにいるようなものだ。こちらの主張はほとんど届いていない。たとえ耳に届いたとしても、正当に評価することはない。ここでやるべきことは、〝相手の〟考えにこちらから近づいてゆくことだ。相手にうごこうという気がないかぎり、いくらこちら側に引っ張っても無駄である。それなら、こちらから近づいてゆけばよい。

4　相手の考えを知り、弱点を見つける

積極的に相手の考えを知る。相手といっしょに客観的に検証し、どれほど足場がしっかりしているのかを調べる。どこにも弱点が見つからなければ、相手の意思は固いということだ。それを上回る確固たる論理がこちらにないかぎり、説得が成功する見込みはない。もしも弱点が見つかれば、説得の糸口となる。この弱点をつきつけられれば相手の態度は軟化するだろう。

発言からそれを読み取ることができるはずだ。ほかにも道はあるのではないかという自己不信をあらわす言葉、どうしたらこの弱点を克服できるのだろうかという問いかけがそのサインである。

説得を受け入れる可能性が高くなるとはどういうことか、つぎの例で見てみよう。看護師が患者を説得しようとしている。

看護師「病室をすこし歩いてみてはいかがですか、ジョーンズさん。ドクターからも指示が出ています」

患者「疲れているんです。歩けるような気分ではありません。放っておいてください」

ここで看護師が理路整然と患者を説得するとどうなるだろうか。この患者はあきらかに

相手の言葉を受け入れそうにない。患者の発言には疑問形も質問もみあたらない。ひじょうにきっぱりとした言いかたである。この場合は看護師としての立場と理屈の力を武器に切り込んでゆくのは得策ではない。

それより、つぎのような会話で相手にちかづき、こころをひらいてもらうほうが効果的である。

看護師「どうしましたか、いらだっていますね」
患者「あなただって一晩じゅう眠れずにいたらそうなるでしょう」
看護師「眠れませんでしたか？」
患者「隣のベッドから大きないびきやら寝言やらが聞こえてくるものだから、眠れやしませんよ」
看護師「それはたいへんでしたね。いまはとくにじゅうぶんな睡眠が必要な時期ですから。でも、ご自分に八つ当たりしてはいけませんよ」
（看護師は患者に共感を示し、たがいの距離を縮めようとしている。そして患者の気持ちを刺激するような発言をしている）
患者「どうすればいいっていうんですか？」
（疑問形なので、さきほどよりも説得に応じやすい心理状態になっていることがわかる）

看護師「すこしでも歩くと血液の循環がよくなりますよ。きっとよく眠れるようになります。いやなことを我慢するのは身体に毒ですからね、身体にいいことをしなくては」
患者「なるほど、そうかもしれません。こればかりは人にやってもらうわけにはいきませんね。今夜はすこしでも安眠したいものです」

人を説得するとは、あなたのいまの考えを捨ててわたしが示す考えを採用しなさいということである。それにはいきなりこちらの論理を押しつけるよりも、なぜいまの考えにこだわるのですかとたずねてみる。相手の考えに弱点があれば、説明するうちにあきらかになるはずだ。こうして徐々に説得を受け入れる下地ができてゆく。条件が整ったところで、ようやく本格的な説得にかかる。

ただしここでは、はやる心を抑えることが必要だ。相手を説得したい、持論を吐き出したいという気持ちを抑える。こちらに分があるのは確実なのだから相手はすぐに考えを変えるはずだと思いたいところだが、そうではない。相手に新しい考えを受け入れる下地ができたという感触は得ていても、それはあくまでも可能性があるというだけのこと。つねに状態を整えながら進めてゆかなくてはならない。

これを具体的に説明してみよう。上司が部下に業務のやりかたを変えさせようとしている。新しい方法を提案したところ、部下はこれまでの自分のやりかたのほうがよいと主張する。こういう場合、さらに熱心に説き伏せたくなる。が、それよりもっと効果的な方法がある。部下にたずねてみるのだ。なぜきみは自分のやりかたのほうがよいと思うのか、と。

そうしないでいくら説得しようとしても、部下は聞く耳をもたないだろう。上司の言葉を客観的にとらえて判断する気にはならないだろう。とにかく自分の考えを曲げたくない、という思いでいっぱいだ。

ここでは仮に上司の主張が正しいとする。つまり部下は意地で持論に執着し、頭のなかで自分に都合よく正当化している状態である。部下の主張が外に出てこなければ論理的に検証することができない。上司が部下にはたらきかけて考えを引き出せば、ふたりでそれを検証し弱点をあきらかにすることができる。部下は持論に自信がなくなり、上司の提案に耳を貸そうかという気持ちが出てくる。

また、ある営業マンが商談で顧客に商品を売り込み、顧客は買いたくないと意思表示したとする。この商品は高すぎる、現在べつの取引先から仕入れている低価格の商品でじゅうぶん間に合っているという理由で。それを聞いた営業マンは、価格は割高だがそれを補って余りあるメリットがあるとアピールしたくなるだろう。メリットを聞けば、きっと顧客は気持ちを変えるだろうと思う。しかし顧客の態度はかたくなだ。現在の商品でうまくいっていると明確に述べていることからもそれはわかる。

ならば商品のメリットを並べ立てるより、顧客の考えを深くさぐってみるべきだ。現在購入している商品はそれほどよいのだろうか。商品についてもっとたずねてみればよい。その商品はどれくらい持つのか。トラブルはないのか。その取引先が提供しているサービス、配送状況。そのほか自社商品との比較に役立つ情報を相手から引き出してみる。そこでなんらかのマイナスが出てきたら、それが突破口となる。マイナスを金額に換算し、その金額をライバルの商品のコストとして上乗せし、自社製品の価格と比較する。ライバル会社の商品の価格にデメリット分の金額を加えたものが営業マンの商品の価格よりも高ければ、営業マンの勝ちだ。ここまでのプロセスには顧客自身が加わっているので、この結果を受け入れてもらえるだろう。

もとめられてもいないアドバイスとは説得であると自覚する

いきなりアドバイスなどという言葉が登場するのは意外かもしれないが、じつはアドバイスを与えることと説得することは、共通点がとても多い。

もとめられてもいないのにアドバイスをするという行為は、こうしてくれと相手に要求しているのと同じである。ただ、あからさまに人の意思を曲げさせたくない、行動に干渉したくないという思いがあるので、これはあくまでも相手の助けとなるアドバイスであると正当化しているに過ぎない。

これとよく似ているのが、頼まれもしないのに〝率直な批判〟と称して怒りをぶちまけるという行為である。

相手からもとめられてもいないのに、なぜすすんでアドバイスするのか。それは相手に影響を及ぼしたいからだ。そうとでも考えなくてはつじつまが合わない。しかしアドバイスしている当人はそうとは認めたくないので、うまくゆかないことも多い。あくまでもアドバイスとして相手に受け取られることを望み、説得のテクニックを活用しようとしないからである。

こういうケースでは、自分はいま相手を説得しているのだという自覚をもつことだ。説得するからには、こちらのいいぶんを受け入れてもらうための下地をつくらなくてはならない。

相手にはたらきかけて考えかたをくわしく話してもらう。あいまいな部分、こちらの情報を必要としている部分が出てきたら、そこでようやく〝アドバイス〟をする。さらにこのアドバイスにしたがえばこれだけのメリットがあるとアピールして、やる気を引き出すことも忘れずに。相手の考えかたを変えるためという本来の目的を達成するには、ぜひとも必要である。

下地が整っていない状態でメリットの説明を省いて一方的にアドバイスすれば、これはあからさまな支配である。事実上、こうしろと相手に要求しているのである。こういう場合は相手の気持ちのなかに、この人をよろこばせたいという感情、あるいは言いなりになりたくないという思いが生まれ、それに応じた反応を示しがちだ。つまりアドバイスの内容ではなく、アドバイスした人物への感情で反応が決まってしまう可能性がある。

この人をよろこばせたいという感情があると、新しい考えかたを客観的に吟味しないまま受け入れてしまう。この人の言いなりになりたくないと思えば反発したくなる。アドバイスにしたがうメリットを説明されても、感情が命じるまま自分にとって不利な行動をとってしまうのだ。

アドバイスしてくれる人物をよろこばせたいという気持ちが高じると、ノーと言えなくなり、やがて自分を追いつめることになる。

この人の言いなりになりたくないという気持ちが強ければ、アドバイスの内容に厳しい目をむけてしまう。自分の決断能力を誇示したいあまり、無理矢理にでも相手のアドバイスとはちがう判断をしようとする。アドバイスを受け入れるか拒絶するかを決める権利は自分にあるという事実を見失ってしまうのである。

自分自身をどう見せたいか——気立てがよく決してノーと言わない協力的な人物だと思われたい、決してイエスと言わない独立心と自主性にあふれた人物だと思われたい——ということで聞き手の頭がいっぱいだと、話し手が述べた考えを検証しようという意欲は湧いてこない。そういう場合、話し手は聞き手にはたらきかけ、自分自身の発想としてその考えが出てくるように誘導する。

説得しようとした相手が自分自身の存在をアピールしてきたら、こちらは中立性をアピールする。あなたがどんな行動をとってもわたしにとっては同じことです、と知らせる。そして事実を提示し、相手の考えをたずねる。たがいの考えが正反対であれば、さらに情報を提供し、ふたたび考えてもらう。あくまでも中立的なスタンスを保ち、相手に判断をゆだねる。

相手がこちらの考えを受け入れて実行したとしても、その理由が〝ノーと言えないから〟というのであれば、けっきょく相手の弱みにつけ込んでいるのと同じだ。こういう場合、相手は自分自身の弱さを歯がゆく思い、自分をコントロールしようとする人物に憤りをおぼえることもある。そうならないためにも、相手に自分自身で結論を導き出してもらうのがいちばんである。

請われてアドバイスを与えるのか、もとめられていないのにアドバイスを与えるのか、このふたつのケースはきっちりわけて考えるべきだ。

もとめられていないアドバイスを与えるという行為はあきらかに説得であり、相手になにかを売り込むことである。となれば、セールスのときのような駆け引きが必要ということだ。

力づける

力づけるとは、つきつめれば説得の一形態である。相手の感情をプラスの方向に変えてゆこうとする企て、つまり相手の反応――思考、感情――を変えようとすることであり、まさに説得である。

人が不安を感じたり落ち込んでいたりするときに、それをやわらげようとしてわたしたちは力づける。

むずかしい決断について悩む、特定の行動の結果について思い煩う、さしせまったイベントの心配をする、自分が人に与える印象についてくよくよ考える、といったことは誰にでもある。そういう心配を取り除いてあげるために、人は人を力づけようとする。

また自分の愚かさ、利己的な部分、醜さ、落ち度などに苦しみわが身を責めているとき、誰かに力づけてもらえばふさいだ気持ちが楽になる。

相手を力づけることは、まさに説得である。

まずは受け入れられる状態に相手をもってゆく。心配ごとがある、落ち込んでいるなどと相手が口にしたとたん力づけるのは、あまり効果がない。受け入れようとする気持ちがなければ、いくら力づけても相手の苦痛は増すばかりである。その理由をくわしく見てゆこう。

人は不安なとき、落ち込んでいるとき、誰かに打ち明けたくなる。打ち明けられてすぐに力づけたらどうだろうか。あなたの気持ちは話し合いに値しない、と暗に言っているようなものである。悩みを相談してあまりにもあっさり力づけられてしまうと、それ以上なにも言えなくなる。感情を発散できなくなり内面にたまってゆく。やがてどうにもこらえきれなくなると、怒りの矛先は力づけた相手にむかう。この人物がいらだちの原因だとばかりに。

不安を抱えている人を「心配ないですよ」などと気やすく力づけたり、自分は愚かではないか利己的なのではないかと自責の念を抱いている人に、あなたは愚かではない、利己的ではないとあっさり力づけたりしたら逆効果である。つまらないことをくよくよ悩み過ぎると自分を責めてしまうだろう。また、悩みを打ち明けているのにちっとも聞いてもらえないと思うだろう。

力づける前に、相手の感情を引き出す。もうすこしそのことについて聞かせてほしいと頼む。それで感情を吐き出すことができれば、相手は気持ちが楽になる。力づけるのはそのときだ。いまなら相手はこちらの言葉を受け入れやすい。

あなたがなぜそのように感じるのかを知りたい、聞かせてほしいと相手に伝える。話すことで相手は自分の感情をより客観的な視点からとらえることができるはずだ。いったん言葉にしてみると、思ったほどひどい状況ではないと感じることができるだろう。内側に抱えたままではひとつの見かたに凝り固まってしまうが、自分の外側に出してしまえば、べつのアングルから眺めることができる。それを手伝えばよい。

そして相手を力づける言葉をかければ、はるかに効果的である。話した内容と具体的にむすびつくので、相手から新たな意欲を引き出すことができる。

説得を成功させるためのコツ

説得が失敗に終わる最大の理由は、説得する側に相手の意思を強引に曲げてしまえという誤った思いがあるからだ。これが相手を追いつめる。相手を理屈で言い負かして力ずくで気持ちを変えさせようとしたり、威嚇的な声、有無を言わさない態度をとったりしてしまう。

いくら外側から新しい考えかたをたたき込んでも、吸収されることはない。人は新しい考えかたを内側から吸収する。だから相手が自分自身で見つけるようにはたらきかければよい。ただし新しい考えかたを受け入れる下地が相手に整っていることが前提だ。

具体的にどうはたらきかけるか。

いちばんいいのは**相手に話をしてもらう**ことである。肯定的な考え、自信たっぷりの考えが出てきたら、新しい考えかたを受け入れる余地はあまりないということだ。ではどうするか。さらにくわしく話してもらう。自分の考えを言葉にしてゆくうちに、相手は意外な落とし穴を発見するかもしれない。そうなると自信が揺らぎ、疑問を口にし、情報を求めるようになるだろう。

これは新しい考えかたを受け入れてもよいというサインである。すすんでなにかを取り入れようという気になっている。このタイミングでこちらの考えかたを提示すれば、拒絶される怖れはすくない。

こういう考えもありますと提示し確認してもらう。じゅうぶん理解してもらうためだ。新しい考えを具体的な数字にしてみせれば、相手に印象づけることができる。さらに、この考えかたを取り入れればこれだけのメリットがありますよ、とくわしく説明することも必要だ。

ただし相手の感情にじゅうぶん注意すること。外に出たがっている感情を抱えている状態では、新しい考えかたをスムーズに受け入れることはできない。相手の感情を発散させることを優先する。

相手に情報を与えるときはもちろんだが、相手が抱えている感情についてアドバイスを与えたり力づけたりする場合でも、まず感情を発散させることを最優先にする。相手の感情が高まっているときに力づけても効果はない。ないどころか、ますます相手をかたくなにさせてしまいかねない。

相手の感情を引き出し気持ちが落ち着いたところをみはからって、アドバイスを与えたり力づけたりする。この状態であればスムーズに受け入れてもらえる可能性が高い。こちらのアドバイスにも耳をかたむけるだろう。もしも相手が質問をしてきたり持論に執着しようとしなくなれば、説得に応じる可能性はますます高くなっている。

こうしたテクニックを使うには実践と練習が必要である。一足飛びにうまく使いこなせるようになるわけではない。また、進むべき方向とは逆の方向にひっぱろうとする過去の習慣とたたかわなくてはならない。

人と気持ちを通わせるには努力が必要だ。

相手に対し地道にはたらきかけてゆけば、かならず努力は実を結ぶ。

心と心、気持ちと気持ちが出合い、よろこびとともにすばらしい収穫を得ることができるだろう。相手のこころに届かない言葉は騒々しい音声に過ぎないのである。

訳者あとがき

世界中の良質なビジネス書を紹介する「ベスト・オブ・ビジネス」シリーズ第二弾の本書『「話し方」の心理学——必ず相手を聞く気にさせるテクニック』は、まさしく「対人術」の名著と呼ぶにふさわしい一冊だ。

著者のジェシー・S・ニーレンバーグは、心理学博士号をもちニューヨーク大学などで教鞭を執った学者だった。だが彼は学問として心理学を研究するだけではなく、実際に心理学の知識を応用することに強い関心をもっていたようである。一九五二年に彼がはじめた「トレードウェイ・サイコロジカル・サービス」という会社では、ビジネスの現場で役に立つ心理テクニックを教授したり、あるいは企業向けに心理学的な見地に立った人事コンサルティングをおこなっていたという。いわば、現代の産業心理学や心理カウンセラーの草分け的存在である。

そのニーレンバーグが書いた本書は、コミュニケーションの力を高めたい人、対人能力を磨きたい人にとって、とても心強い味方だ。どうすれば人と人がわかりあえるのか、意思疎通がスムーズにいくのか、という悩ましい問題についてじっくりと取り組みたいときにぜひ本書を活用していただきたい。

いまや居ながらにして無数の情報に触れ、人々の動向を知ることができる時代。それなのに目の前の人がなにを考えているのかわからない、どう説得すればいいのだろうか、と悩むことはないだろうか。

とりあえず、これまで自分が培ってきたやりかたで今回も乗り切ろうとするが、予想外の反応を相手から返されれば、お手上げだ。

相手が頑として説得を聞きいれない、のらりくらりとかわすだけ、的はずれの反論をする、その反論がころころ変わる、関係のない話題をもちだす……。これはいずれも、本書のなかで例としてあげられている。なぜこのような反応が返ってくるのか、その奥にはどんな感情があるのかを著者はさぐり、アプローチの方法を示す。

正論をぶつけるだけでは誰も受けとめてはくれない。わたしはあなたに関心があります、あなたのことが知りたい、聞きたい、という態度をとられたとき、相手もこちらに関心を寄せてくれる。話す技術を磨くことは聞く技術を磨くこと、という著者の姿勢には、なるほどとうなずかされる。身近な聞き上手の人のことを思い出してみてほしい。その人はなんともいえない安心感を与えてくれる人なのでは？　あ、話し過ぎた、失敗した、などとこちらに思わせない人であるはず。めざすはそこだ。

といっても、人との接しかたにマニュアルはない。こうすれば確実、という正しい言葉もない。相手はロボットではなく生身の人間なのだから、と著者は釘をさす。

そもそも人は他人の話など聞こうとしない、というのが本書の出発点だ。相手のキラキラしたまなざしを「聞く気あり」のサインと見間違えてはならない。とても礼儀正しい人であるだけかもしれない。だからこそ「聞いてもらう」ための細やかなテクニックを身につける必要がある。

たしかに、自分の立場に置き換えて考えてみると、話しかけられた瞬間から相手の話を聞こうという気になっていることは滅多にない。ぼんやりと考え事をしていたり、おもしろい試合のテレビ中継に夢中になっていたり、料理をしていたりする途中で、いきなり話しかけられてもそうそう聞く気がしない。

しかし、なぜか話しかける立場になったときには、そんな相手の気持ちなんて忘れてしまう。話しかけたらすぐに反応があるはず、順序よく説明すればわかるはず、というふうに思いこんでしまっている。この思いこみをなくし、どうしたら話を聞く気がない人を自分の会話に引きずり込めるか、というふうに考えて会話をしなさい、と著者は言う。

たとえば相手がこたえやすい質問から話をはじめ、抽象的な質問で相手を考えさせる。相手の気配、言葉にならないサイン、言葉が伝える潜在的なメッセージを読み取ることも欠かせない。そして、たいせつなのは相手に「考えてもらう」こと。頭を働かせてもらうこと。話し手はそのためにあの手この手で刺激を与えなくてはならない。

営業マンと取引先、上司と部下、同僚、夫婦、親子、教師と生徒、医師・看護師と患者など多様な会話例が本書には紹介されている。どんな場面でも、対話の基本はほぼ変わらない。おもしろおかしい話ができなくても心配することはない。相手とのあいだに壁をつくらず、自分の感情を隠さない。と同時に、質問を投げかける、フィードバックをもとめる、内容をくりかえす、といった基本動作を怠らない。それが美しい対話を生み出す秘訣のようだ。

ニーレンバーグが本書 *Getting Through to People* を著したのは一九六三年、と聞くと驚く人もいるかと思う。よりよいコミュニケーションをめざす本書の考えかた、そして豊富な会話例に時代のずれは感じられない。「人間の本性」に即した考えかただからだろう。また、会話は実践と練習で上達する、という著者の言葉には、一読者として力づけられた。まだいまからでも間に合いそうだ。

日本経済新聞社出版局編集部の金東洋氏には本書を翻訳する機会をいただき、完成まで大変お世話になりました。心からお礼申し上げます。

二〇〇五年九月

小川　敏子

本書は、二〇〇五年一〇月に発行した同名書を文庫化したものです。

nbb
日経ビジネス人文庫

「話し方」の心理学
必ず相手を聞く気にさせるテクニック

2017年10月2日 第1刷発行

著者
ジェシー・S・ニーレンバーグ

訳者
小川敏子
おがわ・としこ

発行者
金子 豊

発行所
日本経済新聞出版社
東京都千代田区大手町1-3-7 〒100-8066
電話(03)3270-0251(代) http://www.nikkeibook.com/

ブックデザイン
藤田美咲

印刷・製本
凸版印刷

Printed in Japan ISBN978-4-532-19818-3

nbb 好評既刊

資本主義は海洋アジアから
川勝平太

なぜイギリスと日本という二つの島国が経済大国になれたのか？　海洋史観に基づいて近代資本主義誕生の真実に迫る歴史読み物。

カリスマ投資家の教え
川上　穣

トランプ勝利を予言したガンドラック、世界一のヘッジファンド率いるレイ・ダリオ――。カリスマ投資家6人の戦略と素顔を描き出す。

ずっと売れる！ストーリー
川上徹也

データや論理だけじゃ人は動かない。何かを伝えたいなら、ストーリーで語るのが一番。相手の感情を動かす究極の方法を教えます！

60分で名著快読 マキアヴェッリ『君主論』
河島英昭＝監修
造事務所＝編著

国を組織、君主をリーダーに置き換えると『君主論』のエッセンスは現代でもそのまま有効だ。戦略・リーダー論の古典をわかりやすく紹介。

伊勢丹な人々
川島蓉子

ファッションビジネスの最前線を取材する著者が人気百貨店・伊勢丹の舞台裏を緻密に描く。伊勢丹・三越の経営統合後の行方も加筆。

nbb 好評既刊

ビームス戦略
川島蓉子

セレクトショップの老舗ビームス。創業30年を越えてなお顧客を引きつける秘密は？　ファン必読！　ファッションビジネスが見える！

心に響く勇気の言葉100
川村真二

信念を貫いた人たちが遺した名言から生きるヒントを読み解く！〝よい言葉〟から意識が生まれ、行動が変わる。明日が変わる。

58の物語で学ぶリーダーの教科書
川村真二

どんな偉大なリーダーでも、みな失敗を重ねながら成長している――様々な実話を通してリーダーに必要なスキル、心のあり方を指南する。

80の物語で学ぶ働く意味
川村真二

誰もが知っているあの人も悩んだ末に自分の道をみつけた。エピソードと名言を通し、生きることと働くことの意味を考える人生アンソロジー。

60分で名著快読 クラウゼヴィッツ『戦争論』
川村康之

戦略論の古典として『孫子』と並ぶ『戦争論』。難解なこの原典が驚くほど理解できる！　読んで挫折した人、これから読む人必携の解説書。

nbb 好評既刊

nbb 好評既刊

スノーボール 改訂新版 上・中・下
アリス・シュローダー
伏見威蕃＝訳

伝説の大投資家、ウォーレン・バフェットの戦略と人生哲学とは。5年間の密着取材による唯一の公認伝記、全米ベストセラーを文庫化。

サイゼリヤ おいしいから売れるのではない 売れているのがおいしい料理だ
正垣泰彦

「自分の店はうまい」と思ってしまったら進歩はない——。国内外で千三百を超すチェーンを築いた創業者による外食経営の教科書。

イラストレッスン ゴルフ100切りバイブル
「書斎のゴルフ」編集部＝編

「左の耳でパットする」「正しいアドレスはレールの上で」「アプローチはボールを手で投げるように」——。脱ビギナーのための88ポイント。

老舗復活「跡取り娘」の ブランド再生物語
白河桃子

ホッピー、品川女子学院、浅野屋、曙——老舗復活の鍵は？ 14人の「跡取り娘」に密着、先代との発想の違い、その経営戦略を描き出す。

BCG流 戦略営業
杉田浩章

営業全員が一定レベルの能力を発揮できる組織づくりは、勝ち残る企業の必須要件。BCG日本代表がその改革術やマネジメント法を解説。

nbb 好評既刊

中部銀次郎 ゴルフの心

杉山通敬

「敗因はすべて自分にあり、勝因はすべて他者にある」「余計なことは言わない、しない、考えない」。中部流「心」のレッスン書。

遊牧民から見た世界史 増補版

杉山正明

スキタイ、匈奴、テュルク、ウイグル、モンゴル帝国……遊牧民の視点で人類史を描き直す、ロングセラー文庫の増補版。

きっちりコツコツ株で稼ぐ 中期投資のすすめ

鈴木一之

予測や企業分析をしない、ネットと投資指標も見ないといった独自の中期投資の手法を紹介。投資手帳の作り方などノウハウも満載の一冊。

江戸商人の経営戦略（ビジネス）

鈴木浩三

「日本的経営」のルーツがここにある！ M&A、CSR、業界団体の存在——従来の「あきんど」像を打ち破る、熾烈な競争を明らかに。

挑戦 我がロマン

鈴木敏文

日本初のコンビニ創業、銀行業への参入、PBへの挑戦……。巨大なセブン&アイグループを築いた稀代の経営者による、改革のドラマ。

nbb 好評既刊

どうやって社員が会社を変えたのか

柴田昌治　金井壽宏

30万部のベストセラー『なぜ会社は変われないのか』でも明かせなかった改革のリアルな実像を当事者が語る企業変革ドキュメンタリー。

稲盛和夫 独占に挑む

渋沢和樹

稲盛和夫が立ち上げた第二電電の戦いを、関係者らの証言をもとに描いた企業小説。巨大企業NTTに挑み、革命を起こした男たちのドラマ。

渋沢栄一 100の訓言

渋澤 健

企業500社を興した実業家・渋沢栄一。ドラッカーも影響された「日本資本主義の父」が残した黄金の知恵がいま鮮やかに蘇る。

渋沢栄一 愛と勇気と資本主義

渋澤 健

渋沢家5代目がビジネス経験と家訓から考える、理想の資本主義とは。『渋沢栄一とヘッジファンドにリスクマネジメントを学ぶ』を改訂文庫化。

渋沢栄一 100の金言

渋澤 健

「誰にも得意技や能力がある」「目前の成敗は人生の泡にすぎない」――日本資本主義の父が遺した、豊かな人生を送るためのメッセージ。

nbb 好評既刊

太陽活動と景気

嶋中雄二

自然科学と社会科学の統合に挑戦した意欲作を、ついに文庫化。太陽活動が景気循環に大きな影響を与えていることを実証する。

経済の本質

ジェイン・ジェイコブズ
香西 泰・植木直子＝訳

経済と自然には共通の法則がある――。自然科学の知見で経済現象を読み解く著者独自の視点から、新たな経済を見る目が培われる一冊。

How Google Works

エリック・シュミット
ジョナサン・ローゼンバーグ
ラリー・ペイジ＝序文

すべてが加速化しているいま、企業が成功するためには考え方を全部変える必要がある。グーグル会長が、新時代のビジネス成功術を伝授。

フランス女性は太らない

ミレイユ・ジュリアーノ
羽田詩津子＝訳

過激なダイエットや運動をせず、好きなものを食べて楽しむフランス女性が太らない秘密を大公開。世界300万部のベストセラー、待望の文庫化。

フランス女性の働き方

ミレイユ・ジュリアーノ
羽田詩津子＝訳

シンプルでハッピーな人生を満喫するフランス女性。その働き方の知恵と秘訣とは。『フランス女性は太らない』の続編が文庫で登場！